Heimat und Welt

Erdkunde für Hessen
Band 2

Moderatoren:
Friedrich Pauly, Wiesbaden
Claus Caspritz, Kassel

Autorinnen und Autoren:
Kerstin Gerlach
Peter Kirch
Norma Kreuzberger
Jürgen Nebel
Friedrich Pauly
Hans-Joachim Pröchtel

westermann

© 2003 Bildungshaus Schulbuchverlage
Westermann Schroedel Diesterweg Schöningh Winklers GmbH, Braunschweig
www.westermann.de

Druck A³ / Jahr 2007
Alle Drucke der Serie A sind im Unterricht parallel verwendbar.

Lektorat: Brigitte Mazzega, Dirk Fochler
Herstellung: Gisela Halstenbach
Druck und Bindung: westermann druck GmbH, Braunschweig

ISBN 978-3-14-114614-1

Inhalt

Italien – Portovenere, auf einer Halbinsel vor La Spezia gelegen

Aufgaben

1. Ordne die folgenden Hauptstädte Ländern zu: Rom, Madrid, Athen, Ankara (Atlas; Karte: Europa – Staaten).

2. Stelle fest, zu welchen Ländern die folgenden Inseln gehören: Sizilien, Kreta, Korsika (Abb. 4; Atlas; Karte: Europa – Staaten).

3. Die Abb. 1–3 zeigen zwei Städte und einen Vulkanberg. Auf Abb. 4 kannst du ihre Lage feststellen. Finde die Namen der Städte und des Berges heraus. Du brauchst dazu die Atlaskarten Nordafrika – physisch und Europa – physische Übersicht.)

4. Finde die Namen in der Übungskarte heraus:
a) der Gebirge I–III,
b) der Flüsse a–e,
c) der 15 Städte mit Anfangsbuchstaben.
(Atlas; Karte: Europa – physisch)

5. Portugal ist kein Mittelmeerland. Erkläre (Abb. 4).

Ein Meer – drei Kontinente

Denken wir an das Mittelmeer, so stellen wir uns meistens Sonne, felsige Küsten und weite Sandstrände vor. Viele Menschen fahren in den Ferien in die Länder am Mittelmeer um sich zu erholen. Sie lernen eine andere Lebensweise, andere Gerichte und die Gastfreundschaft der Einwohner dort kennen. Aber der Mittelmeerraum ist für uns auch wichtig, weil zahlreiche ausländische Arbeitnehmer, die in Deutschland arbeiten, in Ländern am Mittelmeer ihre Heimat haben.

Drei Kontinente grenzen an das Mittelmeer: Europa, Asien und Afrika. Die Meerenge des Bosporus und die Dardanellen trennen Europa von Asien, der Suezkanal und das Rote Meer bilden die Grenze zwischen Asien und Afrika und die Straße von Gibraltar trennt Europa von Afrika.

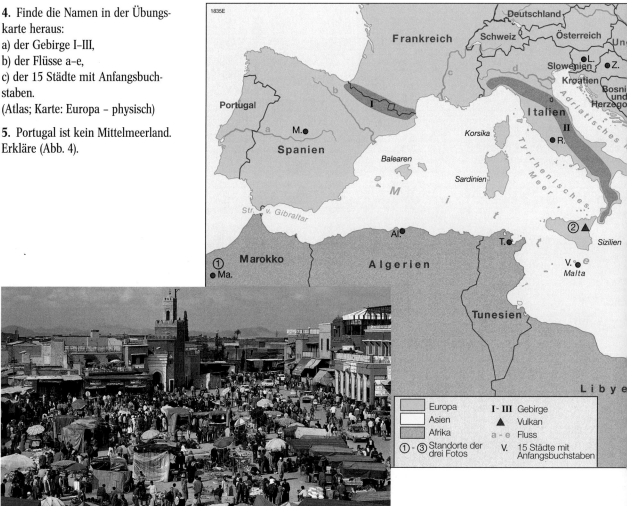

1: Marktplatz in einer Stadt in Marokko

2: Vulkan auf Sizilien

Aufgaben

6. Welches Land in Südeuropa sieht aus wie ein Stiefel, welches wie eine Hand mit Fingern (Atlas; Karte: Europa – Staaten)?

7. Welche Stadt liegt zum Teil in Asien und zum Teil in Europa?

8. Drei Kontinente grenzen an das Mittelmeer. Lege eine Liste an und ordne zu (Abb. 4):

Kontinent	Land am Mittelmeer
Europa	Spanien, …
Asien	Türkei, …
Afrika	Marokko, …

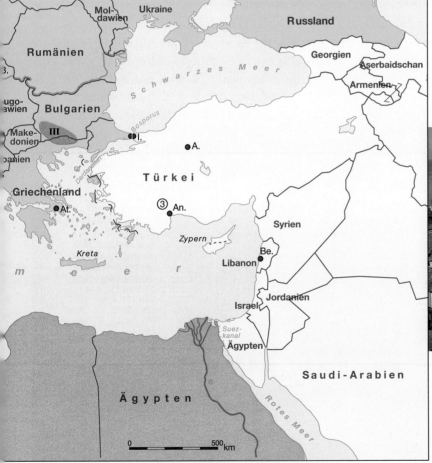

4: Übungskarte Mittelmeerländer

3: Ferienort in der Türkei

Meine Tante wohnt in Alicante. In welchem Land liegt diese Stadt?

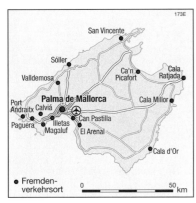

1: Mallorca, die größte Insel der Balearen, im Mittelmeer

Jahr	Zahl der Urlauber
1950	100 000
1960	400 000
1970	2,2 Mio.
1980	4,4 Mio.
1986	5,2 Mio.
1990	5,2 Mio.
2000	7,3 Mio.

2: Entwicklung des Tourismus auf den Balearen

Mallorca – Fremdenverkehr an der Küste

Millionen von Urlaubern besuchen jährlich Mallorca. Um diesen **Massentourismus** bewältigen zu können baute man 1300 Hotels mit rund 350 000 Betten. Vom frühen Morgen bis zum späten Abend starten und landen Flugzeuge aus ganz Europa auf dem Flugplatz San Joan nahe Palma de Mallorca. Scharen von Reiseleiterinnen und Reiseleitern führen die Urlauber zu den 40 bis 50 Bussen, die vor dem Flughafen warten. Diese bringen die Gäste direkt in ihre Hotels.

Die Hotels und Appartementanlagen liegen überwiegend an der Küste an vielen Buchten der Insel. Aus Fischerdörfern wurden Feriensiedlungen. Um die Badestrände gruppieren sich Hotels und Appartementanlagen. In den Hafenbecken liegen Motor- und Segeljachten sowie Ausflugsschiffe. Tennis- und Golfplätze sind vorhanden. Restaurants, Bars und Diskotheken erwarten die Urlauber. In den Supermärkten gibt es alles, woran die Gäste aus ihrer Heimat gewöhnt sind.

An der Bucht von Palma ist eine kilometerlange **Hotelstadt** entstanden. Von Illetas bis El Arenal dasselbe Bild: ein schmaler, im Sommer völlig überfüllter Strand, dahinter Hotels. In Strandnähe sind sie meist sechsstöckig. Die schmalen Straßen zum Strand sind gesäumt von Supermärkten, Kneipen, Restaurants, Autovermietungen und Wechselstuben. Alle Angebote sind in Deutsch oder Englisch zu lesen oder in Bildern dargestellt, damit die Gäste keine Sprachschwierigkeiten haben.

3: Strand von Magaluf, südwestlich von Palma

4: Landschaft nordwestlich von Palma

von 100 Erwerbstätigen waren beschäftigt:

in % [ ] in Landwirtschaft und Handwerk
[ ] im Fremdenverkehr

1955   2000

174E

6: Erwerbstätige nach Wirtschaftsbereichen

Veränderungen im Binnenland

An der Bucht von Palma leben und arbeiten heute 300 000 der 560 000 Mallorquiner. Der Rest der Bevölkerung verteilt sich auf kleine Städte und Dörfer im Binnenland. Sie wirken tagsüber menschenleer. Kleine Bauernhöfe sind verlassen oder werden nur noch als Ferienwohnungen genutzt. Viele Felder liegen brach. Die von den Vorfahren angelegten Terrassen zur Anpflanzung von Johannisbrot- und Olivenbäumen werden häufig nicht mehr bewirtschaftet. In den Ebenen verfallen die Windräder. Sie haben früher Pumpen angetrieben, die Grundwasser zur Bewässerung des **Terrassenfeldbaus** förderten.

Mithilfe der Bewässerung kann man auf Mallorca dreimal im Jahr ernten: Kartoffeln, Gemüse, Tomaten und Reis in der Ebene, Orangen, Zitronen und Mandeln auf Terrassen. Aber die Felder sind klein und die Arbeit ist mühsam, da kaum Landmaschinen eingesetzt werden können. Das Einkommen ist zu gering. So wurden viele Bauernhöfe aufgegeben.

„Mein Großvater und mein Vater waren Fischer. Aber der Fischfang lohnt nicht mehr, deshalb bin ich Kellner geworden. Im Winter, wenn das Hotel geschlossen ist, arbeite ich in einem Hotel in einem Wintersportgebiet der Alpen.

Auch meine Freunde verdienen ihr Geld im Tourismus: Carmen bedient in einem Souvenierladen, Juan hat einen Boots- und Surfbrettverleih und Alberto ist Animateur im Club Méditerranée Porto Petro bei Cala d'Or."

5: Bericht von Carlos, Kellner im Hotel Playa in Magaluf

Aufgaben

1. Beschreibe die Lage der Balearen im Mittelmeer. Welche Inseln gehören zu ihnen?

2. Welche Einrichtungen gibt es für den Massentourismus?

3. Erläutere die Entwicklung des Tourismus nach Abb. 2 und zeichne ein Säulendiagramm (500 000 Urlauber entsprechen 1 cm).

4. Welche Veränderungen hat der Massentourismus ausgelöst?

5. Wie hat sich die Erwerbstätigkeit auf Mallorca verändert (Abb. 5, Abb. 6)? Berichte.

Aufgaben

1. Die Mallorquiner spüren zunehmend die Nachteile des Massentourismus. Wie reagieren sie darauf?

2. Schreibe einen Bericht über die Gewinnung von Trinkwasser in einer Meerwasserentsalzungsanlage.

3. Welche Ziele hat die „Hotel-Entrümpelung" auf Mallorca (Abb. 1)?

Probleme auf Mallorca und Gegenmaßnahmen

Neben dem Wohlstand für viele Mallorquiner hat der Massentourismus auch Probleme für die Insulaner gebracht. Das größte ist die Wasserversorgung der Bevölkerung und der Gäste. Die Wasservorräte auf der Insel reichen kaum aus. Eine Möglichkeit ist dem Trinkwasser entsalztes und gereinigtes Meerwasser zuzusetzen. So hat man 1999 eine **Meerwasserentsalzungsanlage** gebaut. Sie liefert über 20 Milliarden Kubikmeter Trinkwasser im Jahr.

Auch die Entsorgung ist schwierig: Die vielen Gäste verursachen Berge von Müll, die nicht auf der Insel bleiben können. Außerdem fehlen **Kläranlagen**.

Inzwischen haben die Mallorquiner erkannt, dass sich die Einrichtungen des Massentourismus nicht noch weiter auf der Insel ausbreiten dürfen. Sie zerstören die Landschaft und schrecken inzwischen auch Touristen ab. Seit 1988 muss jeder Neubau mindestens 100 m vom Meer entfernt errichtet werden. Alle Hotels, die älter als fünf Jahre sind, müssen renoviert werden um den Gästen mehr Qualität zu bieten. Diese Verordnung hat gleichzeitig zur Folge, dass Billigquartiere nicht mehr renoviert und aufgegeben werden. Neubauten von Hotels und Appartements werden nur noch genehmigt, wenn es sich um Vier- oder Fünf-Sterne-Anlagen handelt.

Inzwischen steht ein Drittel der Insel unter Naturschutz.

Meerwasserentsalzungsanlage

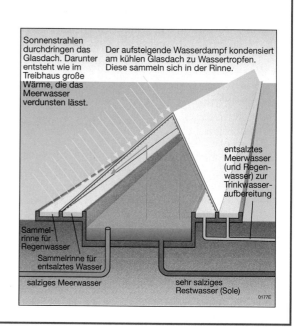

Sonnenstrahlen durchdringen das Glasdach. Darunter entsteht wie im Treibhaus große Wärme, die das Meerwasser verdunsten lässt.

Der aufsteigende Wasserdampf kondensiert am kühlen Glasdach zu Wassertropfen. Diese sammeln sich in der Rinne.

entsalztes Meerwasser (und Regenwasser) zur Trinkwasseraufbereitung

Sammelrinne für Regenwasser

Sammelrinne für entsalztes Wasser

salziges Meerwasser

sehr salziges Restwasser (Sole)

0177E

Hotel-Entrümpelung auf Mallorca

H.W. **Palma**

Die Regierung in Madrid hat beschlossen auf Mallorca alle Hotels, die 35 Jahre und älter sind und in erster Reihe am Strand stehen, abzureißen. Darunter befinden sich auch so genannte Schwarzbauten aus den 60er und 70er Jahren.

Zum ersten Hotelabriss 1995 in dem am Strand gelegenen Ortsteil von Calviá kam der spanische Minister für Tourismus extra auf die Insel: „Wir wollen mit diesem Abriss alter Hotels der Insel Mallorca ein neues Image geben: weg vom Billig-, hin zum gehobenen Tourismus. Die frei werdenden Grundstücke werden nicht wieder bebaut, sondern in Parks, Grünzonen und Strandpromenaden umgewandelt. Die Strände werden verbreitert, überall sollen Palmen gepflanzt werden. Das geht nicht von heute auf morgen. Dies braucht Zeit und Geld."

Anstatt das Bettenangebot zu erhöhen wird also abgebaut und auf Qualität gesetzt. Mit der spektakulären Sprengung des Hotels „Playa de Palma Nova" begann die Hotelentrümpelung von insgesamt rund 50 Häusern, von denen einige sogar schon seit Jahren leer stehen.

Etliche der Hotels waren im wahrsten Sinne des Wortes „in den Sand gesetzt worden", nämlich auf Sandgrund, der eigentlich noch zum Strand gehört. Diese Schwarzbauten müssen als erste weichen, so der Minister.

Das 35 Jahre alte Hotel „Playa de Palma Nova" lag direkt am Strand von Calviá auf Mallorca. Auf der Insel soll die Zahl der Betten (2000: 550 000) langsam verringert werden. So hofft man auf Mallorca die Probleme abzubauen.

Der Platz, auf dem das Hotel stand, nach der Sprengung im April 1995. Es war das erste Hotel, das neuen Grünanlagen weichen musste. Der Bau neuer großer Hotelanlagen unmittelbar an der Küste wurde schon 1988 gesetzlich verboten.

1: Bericht der „Welt am Sonntag" vom 28.5.1995

Texte auswerten

So gehst du vor:

1. Lies den Text genau durch. Schlage im Lexikon die dir unbekannten Wörter nach.

2. Finde heraus, in welche Abschnitte sich der Text gliedern lässt. Schreibe Zwischenüberschriften für jeden Abschnitt.

3. Schreibe aus jedem der Abschnitte die Begriffe („Schlüsselwörter") heraus, die dir wichtig erscheinen.

4. Fasse mithilfe der Schlüsselwörter die Aussagen des Textes Abschnitt für Abschnitt kurz zusammen. So erhältst du eine Inhaltsangabe des gesamten Textes.

5. Abschließend kannst du überlegen, welche Absicht der Verfasser mit dem Text verfolgt: Will er informieren, eine Meinung äußern oder zum Beispiel auf ein besonderes Problem aufmerksam machen?

Aufgaben

1. Bearbeite den gesamten Zeitungsartikel wie in den Punkten 1. bis 5. angegeben.

2. Wähle aus der Reiseseite einer Tageszeitung einen Text aus und werte ihn nach den Punkten 1. bis 5. aus.

1. Abschnitt:
unbekanntes Wort
Pauschalreise: Reise, bei der man alles bucht, zum Beispiel Flug, Hotel und Verpflegung

2. Abschnitt:
Zwischenüberschrift:
In El Arenal

3. Abschnitt:
Schlüsselwörter:
Zweitwohnungen, Ferienhäuser, schlechte Strände

4. Abschnitt:
Inhaltsangabe des vierten Abschnitts: Die Zimmer der Hotels auf Mallorca sind einfach, aber immer mit Bad und häufig mit Klimaanlage. In den Speisesälen werden durch Selbstbedienung Kosten gespart.

Für jeden ist etwas dabei: Der Erfolg von Mallorca kommt nicht von ungefähr

Jährlich 1,8 Millionen Deutsche können nicht irren: Sie fliegen „auf" Mallorca und machen Spaniens Königsinsel so zur ungekrönten Königin der Pauschalreise. Auf dem nur 50 mal 70 km großen Land gibt es 350 000 Hotelbetten, so viel wie in Tunesien und der Türkei zusammen. Das Geheimnis des Erfolgs ist die Vielseitigkeit. Irgendeiner der über 30 grundverschiedenen Ferienorte passt immer.

In den Straßenschluchten von El Arenal ist es laut: Schunkelkneipen wechseln mit Bars; am Strand holen die Discoschwärmer von gestern ihren Schlaf nach. Viele liegen auf einer Decke oder einfach im Sand: Liegestuhl und Sonnenschirm kosten nämlich wie überall auf der Insel zwischen zehn und zwölf Mark täglich extra, nur am Hotelpool liegt man gratis.

Etwas gesetzter geht es westlich von Palma zu. Vom einstigen Villenvorort Illetas bis Port Andraitx überwuchern Zweitwohnungen und Ferienhäuser die Hänge, die Autos tragen Nummernschilder aus Düsseldorf und Herne. Im „deutschen" Paguera geht man ins „Haus der Schnitzel" oder bestellt eine Sahnetorte mit Tchibo-Kaffee im „Café Francine".
Das Problem dieser Küste sind die schlechten Strände; der Sand muss jährlich neu aufgeschüttet werden.

Die Hotels sind einfach; doch das macht nichts. Zimmer mit Bad hat auf Mallorca selbst das einfachste Hotel. Der Unterschied zwischen drei und vier Sternen liegt gewöhnlich in der Klimaanlage und dem Telefon auf dem Zimmer. Beim Tischservice gibt es ohnehin keinen Unterschied mehr; an den gut gefüllten Buffets bedient sich der Gast selbst. Das senkt die Personalkosten.

1: Zeitungsbericht und Beispiele der Auswertung

12

Appartements Biarritz

Hotel Riu Playa Park

Eine Pauschalreise nach Mallorca

Peter (36), Ulrike (35) und Tina (10) Wendt möchten in den Sommerferien zwei Wochen nach Mallorca. Sie holen sich einen Katalog im Reisebüro, studieren ihn und rechnen die Kosten der Reise aus.

Sie haben das Hotel Riu Playa Park und die Appartementanlage Biarritz in die engere Wahl gezogen. Das Appartement besteht aus Wohnraum mit Kochnische, Schlafzimmer und Bad.

Beide Anlagen haben jeweils drei Sterne. Das bedeutet „Mittelklasse". Je mehr Sterne, desto komfortabler und teurer ist eine Anlage. Die Familie stellt nun einen Kostenvergleich an. Dazu liest sie im Preisteil des Kataloges nach.

Familie Wendt entscheidet sich für Halbpension; also muss sie in der Zeile HP nachsehen.

Die Buchstaben über dem Preisteil geben die Reisezeit an, die Zahlen die Dauer des Aufenthaltes in Wochen. Im Katalog sind die Abflugtermine und Reisezeiten angegeben. Familie Wendt will am 16. Juli abfliegen, das ist Reisezeit D. Also schaut sie in der Spalte D bei 2 Wochen nach. Der Preis gilt pro Person.

Familie Wendt entscheidet sich für das Hotel.

Herr Wendt rechnet:

Appartement:
3 Personen für je 850 €
3 x 850 € = 2550 €
Hotel:
2 Personen für je 822 €
2 x 822 € = 1644 €

Tina Wendt kann im Hotel auf einem Zustellbett im Zimmer der Eltern schlafen. Dadurch ermäßigt sich der Reisepreis. Für Tina braucht Familie Wendt nur die Hälfte des Erwachsenen-Preises zu zahlen.
Herr Wendt rechnet den Preis für Tina hinzu:
822 € : 2 = 411€
1644 € + 411€ = 2055 €

Aufgabe

3. Berechne den Reisepreis (2 Wochen, Reisezeit D) für eine andere Familie (2 Erwachsene, 2 Kinder). Sie benötigt zwei Zimmer im Hotel Riu Playa Park mit Vollpension (keine Kinderermäßigung).

Zeichenerklärung

BD	Bad	**WO**	Wohnzimmer mit Kochnische	**HP**	Halbpension (Frühstück und Mittag- oder Abendessen)	**App.**	Appartement
WC	Toilette	**MB**	Meeresblick	**VP**	Vollpension (Frühstück, Mittag- und Abendessen)	**3**	3 Personen
BK	Balkon	**ÜF**	Übernachtung mit Frühstück			**2**	2 Personen

Flugtage, Reisezeiten	Appartements Biarritz ☆☆☆			C			D			E	
				1	2	3	1	2	3	2	3
	BD/WC/WO/BK/MB App.	3	ÜF	502	704	907	519	738	957	817	1075
	BD/WC/WO/BK/MB App.	3	HP	558	817	1075	575	850	1126	924	1226
	Hotel Riu Playa Park ☆☆☆										
	BD/WC/BK Doppel	2	HP ❶	558	822	1087	519	822	1087	901	1205
	BD/WC/BK Doppel	2	VP ❶	586	879	1171	589	884	1179	957	1289
	❶ Ermäßigung für 1 Kind 2–11 Jahre im Zustellbett bei 2 Vollzahlern			50%			50%			50%	

Juli

Frankfurt/Main	2	9	16	23	30
	C	E	D	D	D

6056E

13

Ek Bio ⬥ Pflanzen im Mittelmeerraum

Aufgaben

1. a) Wie haben sich die Pflanzen auf das Mittelmeerklima eingestellt?
b) Auch der Olivenbaum ist dem Klima angepasst. Erkläre (i-Text).

2. Warum nennt man die Nutzung des Olivenbaums Dauerkultur?

3. Schreibe auf, zu welchen Zwecken die Bestandteile des Olivenbaums und die Oliven verwendet werden (Abb. 6).

4. Gehe in einen Supermarkt und notiere, woher die angebotenen Oliven und das Olivenöl kommen.

Hartlaub- und Dornengewächse

Wenn bei uns kühles Aprilwetter herrscht, ist es in den Mittelmeerländern schon warm. Die Sommer sind trocken und heiß. Fast ständig wehen Nordostwinde. Im Herbst und Winter bringen Westwinde Niederschläge. Die Temperaturen sind mild.

Im Mittelmeerklima wachsen zahlreiche Pflanzen, die sich der Hitze und Trockenheit angepasst haben, z. B. Zypresse, Pinie, Agave und Lorbeer. Viele dieser Pflanzen haben kleine immergrüne Blätter mit harter, lederiger Oberfläche oder Dornen. Dadurch schützen sie sich vor zu starker Verdunstung. Man nennt sie **Hartlaubgewächse**. Verbreitet ist auch die Macchie, ein Dorngestrüpp aus verschiedenen Pflanzenarten. Pflanzen, die die Menschen zur Ernährung anbauen, nennt man Nutzpflanzen oder **Kulturpflanzen**. Der Olivenbaum ist die wichtigste Kulturpflanze des Mittelmeerraumes. Auch Wein, Orangen, Zitronen und Pfirsiche reifen im heißen und regenarmen Sommer besonders gut.

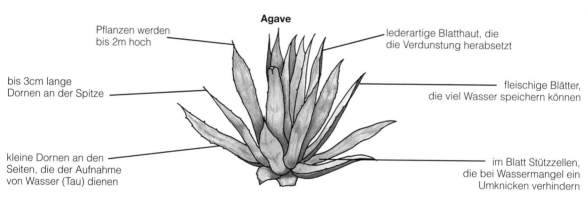

Agave

Pflanzen werden bis 2m hoch

lederartige Blatthaut, die die Verdunstung herabsetzt

bis 3cm lange Dornen an der Spitze

fleischige Blätter, die viel Wasser speichern können

kleine Dornen an den Seiten, die der Aufnahme von Wasser (Tau) dienen

im Blatt Stützzellen, die bei Wassermangel ein Umknicken verhindern

1: Hartlaubgewächs Agave

5. Orangenbäumchen werden oft im Mittelmeerraum angebaut. Welchen Ansprüchen der Orangen wird das Mittelmeerklima gerecht und welchen nicht (Abb. 2, Text)?

Die Orange gehört zu den Zitrusfrüchten. Sie ist nicht nur als Obst, sondern auch zur Erzeugung von Geruchsstoffen wichtig. Die kleinen Bäumchen treiben dreimal im Jahr neue Blätter und Blüten. Sie benötigen hohe Temperaturen, eine hohe Sonneneinstrahlung und müssen im Sommer bewässert werden.

2: Orangen

3: Bei der Olivenernte

Die Olive, eine Dauerkultur

Olivenbäume werden einmal gepflanzt und können dann viele Jahre lang abgeerntet werden. Man nennt diese mehrjährige Nutzung **Dauerkultur**. Vor den ersten Regenfällen im Herbst werden Netze unter den Bäumen ausgelegt, in die die Oliven fallen. Die Früchte werden zu Speiseoliven oder Olivenöl weiterverarbeitet. Für die Herstellung von Olivenöl bringen die Bauern die Oliven in den zusammengebundenen Netzen zu den Ölpressen.

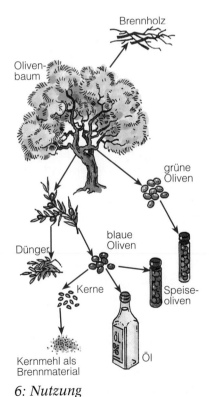

6: Nutzung

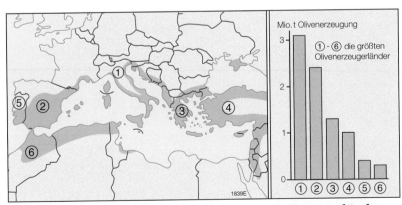

4: Verbreitung des Olivenanbaus   5: Erzeugerländer

Reiseziel Nordeuropa

*„Den Norden Europas kennen zu lernen ist von einem beson-
deren Reiz. Vieles ist hier anders. Die Menschen scheinen
Zeit zu haben. Eile und Hektik findet man kaum. Vielleicht
liegt es daran, dass die Länder im Norden unseres Kontinents
so dünn besiedelt sind. Der Reisende wird hier als Gast er-
wartet und darf sich wohl fühlen."*

Diese Sätze aus einem Reiseprospekt machen neugierig. Was
ist tatsächlich so anders in den Ländern **Nordeuropas**? Wir
wollen dieser Frage nachgehen und die Landschaft des Nordens genauer betrachten. Zwischen dem Europäischen Nordmeer, der Barentssee, der Nordsee und der Ostsee liegt dieser
Teil Europas. Folgende acht Länder werden zu Nordeuropa
gezählt: Dänemark, Norwegen, Schweden, Finnland, Estland,
Lettland, Litauen und Island.

Aufgaben

1. Von Deutschland aus gibt es ver-
schiedene Fährverbindungen nach
Südschweden. Beschreibe die Routen
(Atlas, Karte: Nordeuropa – physisch).

2. Benenne die in Abb. 1 eingezeich-
neten Staaten, Städte und Meere/Seen
(Atlas, Karte: Nordeuropa – physisch).
Trage sie in eine Tabelle ein.

3. Fertige zum Reiseverlauf (Abb. 3)
eine Skizze an. Lege dazu Transparent-
papier auf Abb. 1 und trage darauf
Folgendes ein:
– Umfahre mit einem Bleistift im
Süden die deutsche Küste und den
Staat Dänemark mit seinen beiden
großen Inseln vor der Ostküste. Um-
rande grob die Staaten Norwegen und
das angrenzende Schweden. Von den
Inseln brauchst du nur die Lofoten ein-
zutragen.
– Klebe das Transparentpapier auf ein
weißes Blatt Papier.
– Schreibe dir alle im Reiseverlauf
(Abb. 3) vorkommenden Namen von
Städten und Inseln heraus.
– Markiere und beschrifte nun diese
Orte auf deiner Karte. Dazu musst du
sie zunächst auf der Atlaskarte „Nord-
europa – physisch" suchen und dann
übertragen.
– Trage zum Schluss die Route ein:
Flüge in Schwarz, Schiffsroute in Blau
und Busfahrt in Rot.

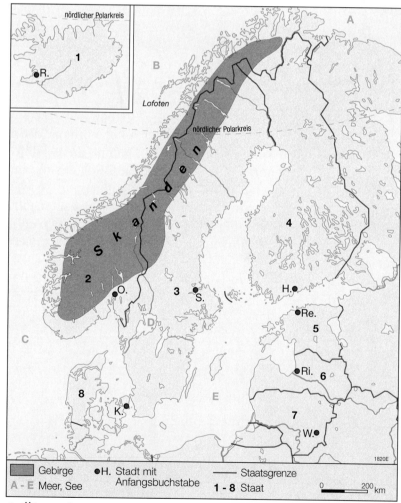

1: Übungskarte Nordeuropa

Reisende aus Deutschland, die einen Urlaub in Nordeuropa geplant haben, können verschiedene Fähren zur Anreise nutzen. In der Hauptreisezeit verkehren sie täglich mehrfach. Hunderte von Fahrzeugen und Personen finden darauf Platz. Selbst Bahnwaggons können verladen werden.

2: Postschiff auf der Fahrt zum Nordkap

H und W-Reisen Marburg

▷ 7 Tage-Exklusivreise zum Nordkap

Reisepreis p.P. im DZ nur 998 €

Der Reiseverlauf

1. Tag: Linienflug von Hamburg nach Kopenhagen (Stadtbesichtigung in der Hauptstadt Dänemarks). Weiterflug nach Bergen im Südwesten von Norwegen. Einschiffung auf der MS ‚Narvik‘.
2. Tag: Ålesund und Kristiansund werden angelaufen – lohnende Landgänge in beiden Hafenstädten.
3. Tag: Mittags in Trondheim; malerische Lage der Stadt am Trondheimsfjord.
4. Tag: Fahrt entlang der Küste, vorbei an idyllischen Fischerdörfern.
5. Tag: Frühmorgens überquert das Schiff den nördlichen Polarkreis und erreicht gegen Abend die Inselgruppe der Lofoten.
6. Tag: Weiterfahrt über Tromsö und Hammerfest zum Nordkap, dem nördlichsten Punkt Europas.
7. Tag: Rückfahrt mit dem Bus bis Narvik; Flug über Oslo, der Hauptstadt Norwegens, nach Hamburg zurück.

OSLO

POLARKREIS

LOFOTEN

NORDKAP

3: Aus einem Reiseprospekt

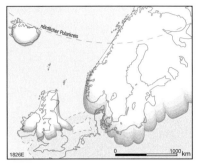

1: Eisbedeckung in Nordeuropa vor ca. 12 000 Jahren

Eine Wanderung im Fjell

In der Stadt Trondheim verlassen einige Passagiere das Postschiff. Sie wollen eine Wanderung im Dovrefjell, einer waldlosen Hochfläche im Skandinavischen Gebirge, unternehmen. **Fjell** heißen die Hochflächen im Norden Europas. Sie entstanden während der **Eiszeit**, die vor rund zwei Millionen Jahren begann. Das Eis wirkte wie ein riesiger Hobel. Die in Bewegung geratenen Eismassen ebneten das Land ein. Die Eiskappe, die damals über Nordeuropa lag, war bis zu 4000 Meter dick. Als das Eis vor etwa 10 000 Jahren wieder abschmolz, blieb das Fjell als nahezu ebene Hochfläche zurück. Das Fjell liegt in einer Höhe von über 1000 Metern und ist für Wanderer wegen der unberührten Naturlandschaft ein Erlebnis.

Bäume wachsen in dieser Höhe nicht mehr. Die Temperaturen sind zu niedrig und die Wachstumzeit für Bäume ist viel zu kurz. Daher ist der Boden nur von einer spärlichen Pflanzendecke überzogen. Man sieht vereinzelt Sträucher, zum Beispiel mit Preiselbeeren, und viele Blumen und Gräser. In Senken haben sich kleine Seen und Moore gebildet. Stundenlang kann man über den weichen, moosbedeckten Boden laufen ohne auf Menschen oder einen Ort zu stoßen.

Einige Gebiete des Fjells sind durch Straßen oder Wege erschlossen. Diese Gebiete werden den Sommer über als Weidefläche für Rinder, Schafe und Ziegen genutzt. Früher wurde das Vieh über schmale und steile Pfade in das Fjell getrieben. Das gehört heute der Vergangenheit an. Die Tiere werden von den Landwirten mit Lastwagen zu den Weiden transportiert. Bei Einsetzen der ersten Schneefälle werden die Herden dann zu den Bauernhöfen zurückgebracht. Im Winter ist das Fjell ein beliebtes Gebiet für Skilangläufer.

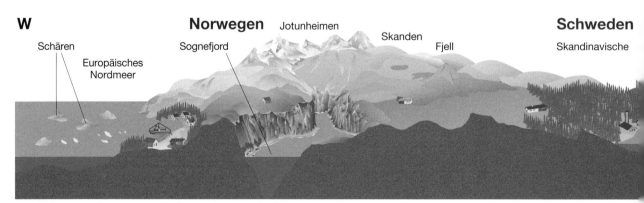

2: Von der norwegischen Küste zur Finnischen Seenplatte

3: *Wanderer im Fjell*

Aufgaben

1. Suche den Ort Trondheim und stelle fest, wie weit er von Oslo entfernt ist (Atlas, Karte: Nordeuropa – physisch).

2. Beschreibe, wie das Fjell entstanden ist.

3. Berichte über den Pflanzenwuchs und die Nutzung des Fjells (Text, Abb. 3).

4. Der Landschaftsquerschnitt (Abb. 2) reicht vom Europäischen Nordmeer im Westen über den Ort Hudiksvall am Bottnischen Meerbusen bis zur Finnischen Seenplatte im Osten. Stelle mithilfe der Maßstabsleiste einer Atlaskarte (Nordeuropa – physisch) die Ost-West-Entfernung fest.

5. Die Landschaften im Norden Europas sind größtenteils Zeugnisse der Eiszeit. Erkläre diesen Satz.

Landschaften Nordeuropas

Der Querschnitt durch den Norden Europas veranschaulicht eindrucksvoll die „Arbeit" des Eises. Schären, Fjorde, Fjell und die Finnische Seenplatte sind Zeugnisse der Eiszeit. Sie prägen die Landschaften des Nordens.

Wie das Fjell ist die **Finnische Seenplatte** durch die Kraft des sich langsam bewegenden Eises eingeebnet worden. Im Süden Finnlands kam das Gletschereis zum Stillstand. Das mitgeführte Gestein blieb als Wall liegen und staute das geschmolzene Gletscherwasser. Etwa 60 000 Seen bildeten sich so in der flachhügeligen Landschaft Südfinnlands.

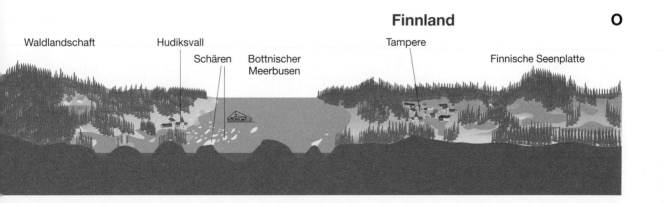

Waldlandschaft Hudiksvall Schären Bottnischer Meerbusen **Finnland** Tampere Finnische Seenplatte **O**

1: Lage von Paris

Paris in Zahlen

- Im Großraum Paris wohnen mehr als zehn Millionen Menschen.
- Die Pariser Untergrundbahn (Metro) befördert jeden Tag etwa vier Millionen Passagiere.
- In Paris gibt es 100 Museen, 200 Kunstgalerien, 50 Konzertsäle, 1250 Hotels, 12 000 Restaurants, Kneipen.

Der Eiffelturm – Paris in unseren Köpfen

Mindestens 700 Anfragen bekommt die Stadt Paris jedes Jahr von Filmgesellschaften die in der Stadt einen Film drehen möchten. Das begehrteste Motiv ist der Eiffelturm. Der französische Regisseur Eric Rohmer sagte einmal: „Man braucht vom Eiffelturm nur ein winziges Stück zu zeigen und schon entfaltet sich in der Phantasie der Zuschauer das Bild der **Weltstadt** Paris." Rohmer drehte hier den Film „Vollmondnächte". In einer Szene des Films schwärmt der Hauptdarsteller: „Ich habe einmal Unterricht in Orléans gegeben. Ich hätte dort ohne Schwierigkeiten ein Zimmer finden können. Aber ich leistete mir lieber eine Zugstunde jeden Morgen und Abend und fuhr nach Paris zurück. Dort gab es allein in der Straße, in der ich wohnte, die Kinos, die Restaurants und die Begegnung mit außergewöhnlichen Menschen. Tausende von Möglichkeiten, ich brauchte nur hinunterzugehen!"

Paris ist das wirtschaftliche und kulturelle Zentrum des Landes. Viele Straßen und Eisenbahnlinien laufen sternförmig auf die Stadt zu. In Paris gibt es ein überwältigendes Warenangebot. Kaufhäuser, Luxusläden, Boutiquen, Märkte für Lebensmittel, Blumen, Haustiere und Antiquitäten bieten Passendes für jeden Geschmack. Paris besuchen jährlich etwa 20 Millionen Touristen. Sehenswürdigkeiten sind unter anderem Eiffelturm, Triumphbogen und Notre Dame (siehe Abb. 2).

Aufgaben

1. Nenne Sehenswürdigkeiten in Paris.

2. „Ein winziges Stück vom Eiffelturm lässt in der Fantasie der Zuschauer die Weltstadt Paris lebendig werden." Was meint der Regisseur mit diesem Ausspruch?

3. a) Wie viele Kilometer ist Orléans von Paris entfernt (Atlas, Karte: Westeuropa – physisch)?
b) In welchem Bahnhof in Paris fahren die Züge nach Orléans ab (Abb. 2)?
c) Wie beurteilst du, dass jemand in Orléans arbeitet und die weite Fahrt nach Paris in Kauf nimmt?

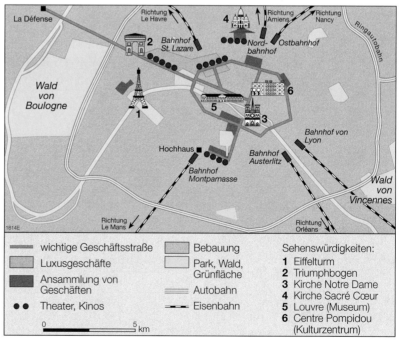

2: Paris – Luxusgeschäfte und Sehenswürdigkeiten

„Welcome to London"

Sehenswertes in London

Wer London besucht, geht meist auch in Madame Tussauds Wachsfigurenkabinett. Charley Chaplin ist einer der über 500 lebensgroßen, prominenten Figuren. Aber nun zu den anderen 20 wichtigen Sehenswürdigkeiten Londons:

Sechs davon beginnen mit einem P (St. Paul's Cathedral, Parliament, Piccadilly Circus, Postturm, Petticoat Lane, Portobello Road), vier mit T (Themse, Tower, Trafalgar Square, Tate Gallery), vier mit B (Buckingham Palace, Britisches Museum, Börse, Bank von England), drei mit S (Soho, Strand, Speaker's Corner im Hyde Park), zwei mit C (Chelsea und Covent Garden) und eine mit N (National Gallery).

London ist auch die Stadt der Musicals: Cats, Starlight Express, Phantom of the Opera und viele andere haben hier Berühmtheit erlangt. Aber auch beim Shopping kommt jeder auf seine Kosten.

4: Lage von London

London in Zahlen

Groß-London hat über sieben Millionen Einwohner. Mehr als zwei Millionen von ihnen sind nicht in Großbritannien geboren. Der Großraum besteht aus 33 zusammengewachsenen Kleinstädten. Hier gibt es 80 Parks und 160 Museen. An den Schulen werden 131 Sprachen gesprochen. Insgesamt besitzt London acht Fernbahnhöfe. Die U-Bahn wurde im Jahr 1863 gebaut. Sie befördert heute etwa zwei Millionen Fahrgäste täglich und steht mit ihrem ca. 400 Kilometer langen Schienennetz an der Weltspitze.

3: Trafalgar Square mit Nelson-Säule

Stadtrundfahrt

Eine Stadtrundfahrt im (bei sonnigem Wetter offenen) Bus bietet die „Original London Sightseeing Tour." Sie führt in anderthalb Stunden zu den wichtigsten Sehenswürdigkeiten. Man kann einsteigen, wo man will, z.B. am Trafalgar Square.

Infos:
In London: Tourist Information Centre of British Tourist Authority, London, S.W.1, St. James's Street 64 – 65, Piccadilly.
In Deutschland: Britische Zentrale für Fremdenverkehr, Westendstraße 16-22, 60325 Frankfurt.
London-Info:
www.visitbritain.de
www.londontown.com

Aufgabe

4. a) Besorgt euch Material über London (Karten, Prospekte) und schreibt kurze Informationen über die im Text genannten Sehenswürdigkeiten.
b) Gestaltet eine „Wandzeitung London". Mögliche Themen: Sehenswürdigkeiten, Einkaufen, Geschichte.

Wir planen eine Reise

Aufgaben

1. Plane mithilfe der Fragebögen
a) eine Klassenfahrt nach…
b) einen Sommerurlaub am Mittelmeer
c) einen Winterurlaub in den Alpen
d) einen Aufenthalt für Bekannte aus dem Ausland in deinem Wohnort oder in der Region, in der du wohnst.

2. Gestalte eine Wandzeitung als Werbung für einen Urlaubsort.
Besorge dazu Prospekte im örtlichen Reisebüro und der Touristen-information am Urlaubsort. Sammle Reiseseiten in Zeitungen und Zeitschriften.

Informationsmöglichkeiten:

– Leute fragen, die das Ziel kennen
– im Reisebüro erkundigen und Kataloge, Prospekte, Unterkunftsverzeichnisse besorgen
– Fremdenverkehrsamt (Tourist-Information) am Zielort anschreiben
– Fachzeitschriften (z.B. Merian, HB-Atlas) besorgen
– Reiseseiten in Zeitungen sammeln
– Geographiebücher, Reiseführer besorgen
– Atlanten (Schulatlas, Autoatlas) benutzen
– Staukalender beachten
– Sendungen im Radio und Fernsehen verfolgen

Vorbereitung einer Reise

Ihr wollt eine Reise machen? Eine gute Idee, denn ihr werdet viel Neues kennen lernen. Aber die Reise beginnt nicht erst mit der Abfahrt. Sie fängt mit der Vorbereitung an. Dazu hat die Klasse 6a der Westerwaldschule Mengerskirchen sechs Fragebögen und zwei Merkblätter entworfen. Sie sollen euch helfen herauszufinden, welche Reisemöglichkeiten ihr habt. Plant also eure Traumreise im Familienrat, zusammen mit Freunden oder in der Klasse.

---

1. Reiseteilnehmer?
– allein
– zu zweit (Freund, Freundin, Bruder, Schwester)
– in einer Gruppe (Sportverein, Jugendgruppe, Klasse)
– mit der ganzen Familie?
Es fahren mit: …

---

2. Reiseziel?
– Landschaften: am Meer, im Hochgebirge, im Mittelgebirge, in einer extremen Landschaft (Wüste, Polargebiet)
– Städte: Großstadt, Mittelstadt, Dorf, außerhalb gelegener Ferienclub
– Deutschland, Europa, anderer Kontinent
– ein Ort, eine Rundreise
Wir fahren nach: …

---

3. Reisezeit?
– in der Hauptsaison unseres Zielortes (das bedeutet z.B. Schneesicherheit für Wintersportler, aber auch viele Urlauber und höhere Preise)
– in der Nebensaison unseres Zielortes (das bedeutet z.B. Regen und kühles Wetter am Mittelmeer, aber auch niedrigere Preise)
Wir fahren vom … bis …

4. Unterkunft und Verpflegung?
Wo wollen wir wohnen?
– im Hotel oder im Appartement oder im Ferienhaus oder in der Ferienwohnung
– auf dem Campingplatz (im Zelt, Wohnwagen oder Wohnmobil)

Wo liegt unsere Unterkunft?
Wie weit ist es
– zum Ortszentrum?
– zu den Geschäften, Freizeiteinrichtungen, Haltestellen, Gaststätten?

Womit soll oder muss unsere Unterkunft ausgestattet sein?
Wie verpflegen wir uns?
– selbst kochen oder Fastfood holen oder im Restaurant (Halb- oder Vollpension?) essen
Wir wohnen: ...

Vor der Abreise klären:

Wer gießt die Blumen?
Wer versorgt die Haustiere?
Wer achtet auf die Wohnung?

5. Umweltverträglichkeit?
Was kann ich bei der Wahl des Verkehrsmittels beachten?
Was kann ich während des Urlaubs tun oder vermeiden um die Umwelt nicht zu stark zu belasten?
Was tun der Ort und das Hotel oder der Campingplatz zur Schonung der Umwelt?
Drei gute Vorsätze für den nächsten Urlaub: ...

Und nicht vergessen:

– Reisepass, Personalausweis, Visum
– Versicherungen (Reisegepäck, Reiserücktritt)
– Krankenschein
– Devisen (ausländisches Geld)
– Fahrzeugpapiere
– Internationale Versicherungskarte
– Zoll- und Devisenbestimmungen des Gastlandes
– Schutzimpfungen
– Wörterbuch
– Wanderkarten
– Stadtpläne
– Kleidung
– Sportausrüstung
– Reiseapotheke

6. Reisekosten?
eigene finanzielle Möglichkeiten   € _____

Kosten für Hin- und Rückreise
   mit der Bahn
   mit dem Auto   € _____
   mit dem Bus   € _____
   mit dem Flugzeug   € _____
   mit dem Schiff   € _____
   mit dem Fahrrad   € _____
Kosten für die Unterkunft   € _____
Kosten für Verpflegung   € _____
Nebenkosten (z.B. Kurtaxe, Campinggebühren, Kontrollkosten am Flughafen, Eintrittsgelder, Autobahngebühren, Skiliftgebühren)
Kosten für spezielle Ausrüstungen
   (z.B. Ski, Surfbrett, Sportkleidung)   € _____

Gesamtkosten   € _____

Landschaften:
Masuren – Costa Brava – Lappland – Bretagne –
Schottland – Puszta – Algarve – Walachei – Toskana –
Andalusien – Wachau – Elsass

Besonderheiten:
Huerta – Fjell – Loch Ness – Krim – Bosporus – Fjord –
Skagerrak – Gracht – Haff – Brenner – Macchie –
Riviera

Wahrzeichen:
Kreml – Eiffelturm – Alhambra – Brandenburger Tor –
Prater – Fischerbastei – Tivoli – Männeken Pis –
Hradschin – Kolosseum – Schiefer Turm – Akropolis

Inseln:
Shetland – Ibiza – Korsika – Usedom – Gotland –
Kreta – Bornholm – Helgoland – Malta – Lofoten –
Sardinien – Fåröer

1: Alles Europa

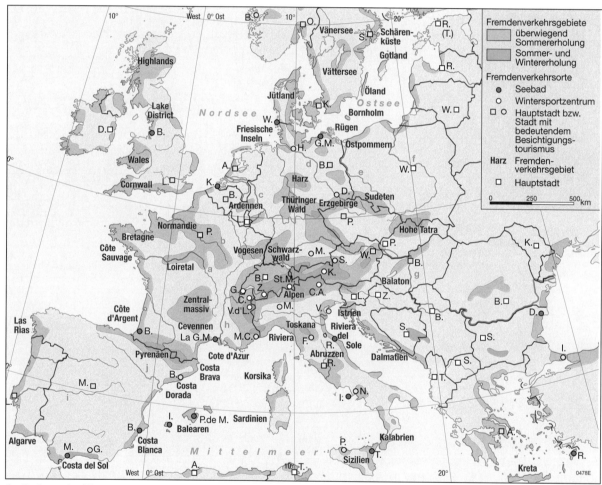

2: Reisen in Europa

Aufgaben

1. Bearbeite Abb. 1 mithilfe von Atlas und Lexikon:

a) Wo liegen die genannten Landschaften?

b) In welchen Städten befinden sich die Wahrzeichen?

c) Worum handelt es sich bei den Besonderheiten?
In welcher Region, in welchem Land kommen sie vor?

d) In welchem Meer liegen die Inseln? Zu welchem Staat gehören sie?

2. Lege für drei Staaten deiner Wahl die folgende Tabelle an (Abb. 2, Atlas):

Staat	Urlaubsgebiete

**Das Wichtigste
kurz gefasst:**

Tourismus am Mittelmeer

Die Orte an den Küsten des Mittelmeeres haben sich durch den Tourismus verändert. Besonders im Sommer kommen viele Feriengäste. Ehemalige Fischerdörfer sind zu Orten mit überfüllten Stränden und Hotelhochhäusern geworden. Der Massentourismus bringt den Bewohnern neue Arbeitsmöglichkeiten und verändert ihr Leben. Die anstrengende Arbeit in der Landwirtschaft wird aufgegeben. Aber der Massentourismus verursacht auch Probleme. Wasservorräte reichen nicht aus. Meerwasser muss aufwändig entsalzt werden. Es fehlen Kläranlagen.
Ein Weg vom Massentourismus zum Qualitätsurlaub wird in Mallorca beschritten. Es werden Billigquartiere aufgegeben. Baugenehmigungen werden nur noch für Vier- oder Fünf-Sterne-Anlagen erteilt.

Pflanzen im Mittelmeerraum

Ein Merkmal des Mittelmeerklimas sind die trockenen Sommer. Die Pflanzen, die im Mittelmeerraum wachsen, müssen die Monate der Trockenheit überstehen können. Es sind Hartlaubgewächse. Eine typische Kulturpflanze ist der Olivenbaum.

Urlaub in Europas Norden

Zu Nordeuropa zählen die acht Länder Dänemark, Schweden, Norwegen, Finnland, Estland, Lettland, Litauen und Island. Verschiedene Fährverbindungen sind zwischen Mittel- und Nordeuropa eingerichtet.
Die Naturlandschaft wurde durch die Eiszeiten geprägt. Zu den Besonderheiten der Landschaft zählen die Fjorde, das Fjell und die Finnische Seenplatte.

„Bonjour Paris"

Paris ist das wirtschaftliche und kulturelle Zentrum von Frankreich. Im Großraum Paris leben über zehn Millionen Menschen. Viele Straßen und Eisenbahnlinien laufen sternförmig auf die Stadt zu. Sehenswürdigkeiten und Luxusgeschäfte sind Anziehungspunkte für jährlich über 20 Millionen Touristen.

„Welcome to London"

London ist die Hauptstadt von Großbritannien. Groß-London hat über sieben Millionen Einwohner. Eine Sightseeing Tour führt zu den wichtigsten Sehenswürdigkeiten. London ist auch die Stadt der Musicals.

Grundbegriffe

Massentourismus
Hotelstadt
Terrassenfeldbau
Meerwasserentsalzungs-anlage
Kläranlage
Hartlaubgewächs
Kulturpflanze
Dauerkultur
Nordeuropa
Fjell
Eiszeit
Finnische Seenplatte
Weltstadt

Wir prüfen unser Wissen

1. Welche Kontinente grenzen an das Mittelmeer?
2. Zu welcher Inselgruppe gehört Mallorca?
3. Nutzpflanze im Mittelmeerraum mit 10 Buchstaben?
4. Weltstadt an der Themse?

Spanischer Bauer

Europa deckt den Tisch

Weizenernte in Kasachstan

Fisch, Krebse, Krabben und andere Schalentiere gehören zu den Grundnahrungsmitteln. Die Nahrung aus dem Meer enthält alle für den Menschen notwendigen Bestandteile wie zum Beispiel Fette, Eiweiß, Vitamine und Mineralstoffe. Fisch ist ein hochwertiges Nahrungsmittel, da 100 g Fisch im Durchschnitt 15 – 20 g Eiweiß enthalten.

Wenn der menschliche Körper unzureichend mit tierischem Eiweiß versorgt wird, kann es zu gefährlichen Mangelerscheinungen kommen.

Diese sind die Ursache für geringe Arbeitskraft und Lebenserwartung.

Neben Nahrungsmitteln für Menschen liefert die Fischerei in Form des Fischmehls Nahrung für die Tiere. Diese wiederum stellen unsere Fleischversorgung sicher.

1: Nahrungsmittel Fisch

3: Fischprodukte aus dem Supermarkt

Fischfang im Meer

Die Nutzung der Meere ist so alt wie die Menschheit. An den Küsten wird seit Jahrtausenden gefischt. Mit der sich verbessernden Schiffstechnik drang der Mensch immer weiter in küstenferne Meeresteile vor.

Fisch steht an der Spitze der aus dem Meer gewonnenen Nahrungsmittel. Aber auch Krebse, Krabben und Muscheln sind häufig gegessene Fischspezialitäten. Für den Fischfang besonders ergiebige Fangplätze bezeichnen wir als **Fischgründe**. Diese findet man vor allem in den flachen küstennahen Bereichen der Weltmeere.

2: Krabbenkochen

4: Kutter auf Krabbenfang

Mit dem Krabbenkutter im Wattenmeer

Heute hat mir Kapitän Wilhelmsen erlaubt an einer Fahrt mit seinem Krabbenkutter durchs Wattenmeer teilzunehmen. Er betreibt Küstenfischerei. Bereits um vier Uhr in der Frühe haben wir abgelegt. Ganz wohl fühle ich mich nicht, denn das Schiff schaukelt stark auf den Wellen des Wassers.

An der linken und rechten Seite zieht der Kutter Schleppnetze neben sich her, die etwa jede Stunde hochgezogen werden. Ein Matrose schüttet dann den gesamten Fang in die Sortiermaschine. Dort werden die kleinen Fisch und die zu kleinen Krabben aussortiert und wieder ins Meer geworfen. Gleich an Bord werden die großen Krabben in einem Kessel mit Salzwasser gekocht. Der Kapitän gibt mir einige Krabben und zeigt mir, wie man sie „pult". Krabben sind eine Delikatesse, aber das Schälen der Kleinkrebse ist gar nicht so einfach.

„Das Pulen machen wir gleich zu Hause", erklärt mir Kapitän Wilhelmsen. „Wer geschickt ist, schafft bis zu drei Kilogramm pro Stunde. Von den 250 kg Krabben, die wir unter Deck haben, wird der größte Teil ungeschält in die Fischfabrik geliefert. Dort wird er zu Konserven verarbeitet.

Vor allem Inselstaaten wie Japan, haben einen hohen Fischverbrauch. Ist ja auch klar, denn dort schwimmt die Nahrung vor der Haustür herum." (Siehe Seite 30 Abb. 1)

Am späten Nachmittag laufen wir wieder in den Hafen ein. Obwohl wir immer vor der Küste im Wattenmeer hin und her gekreuzt und nie auf das offene Meer hinausgefahren sind, bin ich froh wieder festen Boden unter den Füßen zu haben.

6: Krabben noch in der Schale

Aufgaben

1. Beschreibe die Arbeiten auf einem Krabbenkutter.

2. Warum schüttet Kapitän Wilhelmsen die kleinen Fische und Krabben wieder ins Meer zurück?

3. Beschreibe die Wege, die der Frischfisch und die Fischkonserven vom Fang zum Verbraucher nehmen (Abb. 5).

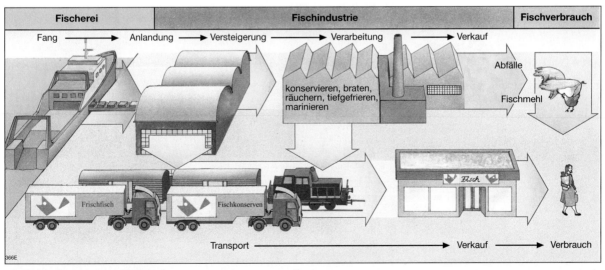

5: Vom Fang zum Verkauf

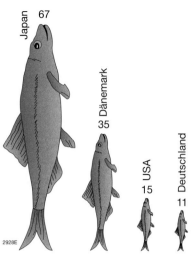

1: Durchschnittlicher Jahresfischverbrauch (in kg pro Kopf)

Japan	11 175
USA	5 744
Dänemark	2 222
Norwegen	1 900
Deutschland	408

2: Fangerträge pro Jahr (in 1000 t)

Aufgaben

1. Beschreibe die Arbeitsabläufe auf einem Fangfabrikschiff (Text, Abb. 4).

2. Stelle die Fangerträge aus Abb. 2 in einem Säulendiagramm dar (1 cm ≙ 1 Mio. t).

3. Stelle fest, welche Fischarten rund um Island überwiegend gefangen werden (Abb. 5).

4. a) Welche Sorgen äußert die Fischerei-Industrie in dem Zeitungsartikel? Schreibe die Punkte stichwortartig auf.
b) Auch die Überfischung kann zum Problem für die Fischerei-Industrie werden. Erläutere mit Hilfe des i-Textes.

Fischfabrik auf hoher See

Seit zwölf Tagen kreuzt die „Frederik II" im Nordatlantik rund 200 Seemeilen (1 sm = 1,9 km) südlich von Island. An Bord befinden sich 49 Besatzungsmitglieder und der Kapitän. Rund drei Monate dauert die Fahrt, bevor das Schiff wieder im Hafen von Göteborg eintrifft.

Die „Frederik II" ist ein modernes **Fangfabrikschiff** mit zahlreichen technischen Geräten. Radar und Echolot werden zur Ortung von Fischschwärmen eingesetzt. Ist ein Schwarm entdeckt, wird das Schleppnetz über das Schiffsheck ausgebracht. Nach dem Einholen des Netzes wird der Fang nach Fischarten sortiert. Über Förderbänder gelangen die Fische dann auf das Verarbeitungsdeck. Sie werden zu Fischfilets oder zu Fischstäbchen zerlegt und sofort im Tiefkühllager eingefroren. Abfälle werden in der Fischmehlanlage zu Tierfutter weiterverarbeitet.

Auf dem fast 100 Meter langen Schiff wird rund um die Uhr gearbeitet. Die Mannschaft ist in zwei Schichten eingeteilt und wird an den Fangeinnahmen beteiligt. Je schneller die Lagerräume gefüllt sind, desto eher kann die Heimreise angetreten werden. Verkauft wird der Fang an Großhändler. Mit Kühlfahrzeugen gelangt die Ware zu den Verkaufsläden im europäischen Binnenland.

Fast 20 000 Zentner verkaufsfertig eingefrorenen Fisch bringt ein Fangfabrikschiff von einer Fahrt durch den Nordatlantik mit. Das Meer bei Island ist besonders fischreich. Hier trifft der Golfstrom auf kaltes Wasser aus der Arktis. Plankton – das sind z.B. Algen oder Pantoffeltierchen, die im Wasser schweben – kann sich besonders gut vermehren. Das Plankton ist eine wichtige Nahrungsquelle für die Fische.

Problem: Verschmutzung der Meere

Oslo. Die norwegische Fischerei-Industrie protestiert energisch gegen die Verschmutzung von Nordsee und Nordatlantik. Industrieabwässer enthalten Schwermetalle wie Kupfer, Blei oder Kadmium und Chrom. Sie gelangen über die Flüsse aus den Industriezentren in die Meere. Allein aus dem Rhein fließen pro Jahr fast 3000 t Schwermetalle in die Nordsee. Dies entspricht der Fracht von rund 115 voll beladenen Güterwaggons. Und der Rhein ist nur einer von vielen Flüssen, die in die Nordsee münden. Über Meeresströmungen gelangen die Verschmutzungen in weite Teile des Nordatlantiks. Die Fischerei-Industrie befürchtet, dass die Fangerträge weiter zurückgehen und sieht ihre Arbeitsplätze gefährdet.

3: Das Schleppnetz wird über das Schiffsheck gehievt

i

Überfischung

Wenn in einem Gewässer mehr Fische gefangen werden als durch natürliche Vermehrung nachwachsen, spricht man von **Überfischung**. Eine Maßnahme gegen die Überfischung ist die Einrichtung von Fischerei-Schutzzonen, in denen keine Fische gefangen werden dürfen.

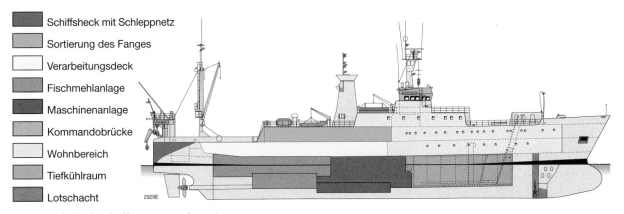

Schiffsheck mit Schleppnetz

Sortierung des Fanges

Verarbeitungsdeck

Fischmehlanlage

Maschinenanlage

Kommandobrücke

Wohnbereich

Tiefkühlraum

Lotschacht

4: Fangfabrikschiff (Längsschnitt)

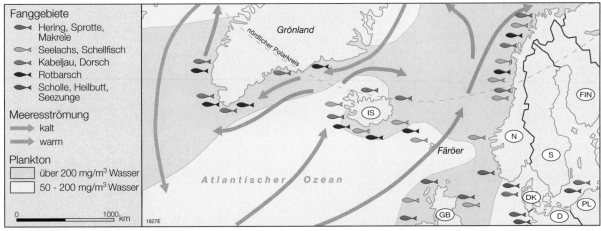

Fanggebiete

Hering, Sprotte, Makrele

Seelachs, Schellfisch

Kabeljau, Dorsch

Rotbarsch

Scholle, Heilbutt, Seezunge

Meeresströmung

kalt

warm

Plankton

über 200 mg/m³ Wasser

50 - 200 mg/m³ Wasser

0   1000 km

Grönland

nördlicher Polarkreis

IS

FIN

N

S

Färöer

Atlantischer Ozean

DK

PL

GB

D

5: Fischfanggebiete im Nordatlantik

Wein aus Frankreich

Weinbau in Frankreich

Aus Frankreich kommen die berühmtesten Weine der Erde. Die Anbaubedingungen sind günstig. Im Norden und an der Küste des Atlantischen Ozeans herrschen im Juli Durchschnittstemperaturen von 18 °C. Sie reichen aus um die Trauben reif werden zu lassen. Auch ist es nicht zu heiß, denn zu hohe Temperaturen ergeben nur eine mittelmäßige Weinqualität. Die besten Weine stammen aus den kühleren Gegenden um Bordeaux, aus Burgund und dem Elsass.

Frankreich – eines der größten Weinbauländer

Namen wie Burgund und Bordeaux (sprich: Bordo) hast du vielleicht schon einmal gehört. Sie bezeichnen berühmte französische Weinbaugebiete. Frankreich ist neben Italien eins der größten Weinbauländer der Erde. Jedes Jahr werden hier ungefähr 70 Millionen Hektoliter Wein erzeugt. Das ist knapp ein Viertel der Weltproduktion. Mehr noch als die Menge ist jedoch die Qualität Ursache für die Berühmtheit der französischen Weine. Um Bordeaux an der Mündung der Garonne liegt mit etwa 3 000 Weinbaubetrieben das größte Qualitätsanbaugebiet Frankreichs. Anbau und Verarbeitung der Trauben sind räumlich eng verzahnt: Die Weinbaubetriebe liegen häufig inmitten der Weinfelder. Die großen Betriebe verarbeiten, lagern und verkaufen ihre Weine selbst. Kleinbetriebe mit oft nicht mehr als fünf Hektar Rebfläche schließen sich zu **Genossenschaften** zusammen.

Der Weinbau in Frankreich ist in den letzten Jahren zurückgegangen. Die Franzosen trinken heute weniger Wein als früher. Auch macht die Konkurrenz aus anderen Weinländern wie Italien und Spanien den französischen Weinbauern zu schaffen.

Aufgaben

1. Erläutere die Bedeutung des französischen Weinbaus in der Welt (Abb. 2).

2. a) Lege Transparentpapier auf Abb. 1 und trage drei Gebiete ein, in denen Wein angebaut wird.
b) Wie heißt das nördlichste Weinbaugebiet Frankreichs?

3. Beschreibe die Herstellung des Weins von der Ernte bis zum Verkauf (Text und Abb. 3).

4. a) 1950 hat jeder Franzose im Durchschnitt pro Jahr 140 Liter Wein getrunken, 1990 nur noch 65 Liter. Stelle die Zahlen in einem Säulendiagramm dar. Nimm für jeweils zehn Liter ein Rechenkästchen.
b) Überlege mögliche Gründe des Rückgangs.

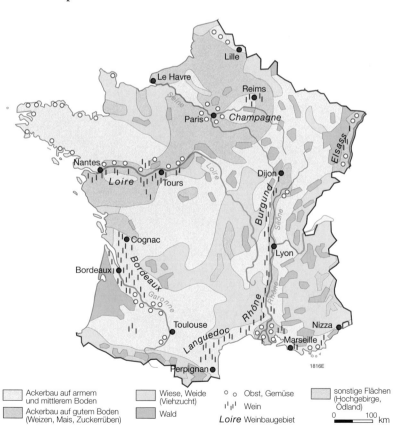

1: Landwirtschaft in Frankreich

Ein Weinbaubetrieb

Der Weinbaubetrieb mit dem Wohnhaus (1) liegt inmitten der Weingärten (2). Nach der Weinernte werden die Trauben angeliefert und in der Kelter (3) zerkleinert. Der Saft wird mit Schläuchen in große Bottiche (4) gefüllt. Die Rückstände werden in einer Presse (5) ausgepresst. In Stahlbehältern (6) gärt der Wein. Anschließend wird er in Eichenfässer (7) umgefüllt. Hier erhält er seinen typischen Geschmack. In einem anderen Gebäude wird der Wein in Flaschen abgefüllt (8), mit Etiketten versehen und für den Verkauf vorbereitet.

Weinproduktion (in 1000 Hektoliter)	
Italien	79 460
Frankreich	70 105
Spanien	41 304
Argentinien	23 700
USA	17 073
Rumänien	8 887
Südafrika	7 063
Deutschland	6 887
Welt	343 760

2: Die größten Weinbauländer

3: Ein Weinbaubetrieb

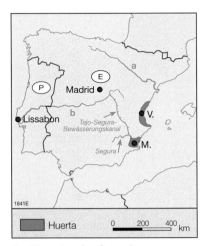

1: Huertas in Spanien

Bodenversalzung

Wenn dem Boden bei der Bewässerung mehr Wasser zugeführt wird, als die Pflanzen aufnehmen können, verdunstet das überschüssige Wasser. Die im Wasser gelösten Salze bleiben zurück. Es kommt zur **Bodenversalzung**. Dies erschwert und verhindert schließlich das Pflanzenwachstum.

Aufgaben

1. a) Wo liegen die beiden Huertagebiete in Spanien (Abb. 1)?
b) Notiere einen Ort aus jeder Huerta (Atlas; Karte: Südwesteuropa).

2. Wähle in Abb. 2 zwei Pflanzen aus und berichte, was für den Huertano wann zu tun ist.

3. a) Zwei der Bilder in Carmens Fotoalbum (Abb. 3) zeigen Bewässerungsmethoden. Welches Foto zeigt welche Methode?
b) Eine Bewässerungsmethode ist nicht abgebildet. Welche ist es?

4. Die Huerta von Murcia verändert sich. Erläutere.

34

Wasser ist kostbar

Carmen verbringt ihre Ferien bei Verwandten in der **Huerta** von Murcia. Ihr fällt auf: Das Gebiet um die Stadt Murcia sieht aus wie ein Garten. Überall gibt es bewässerte Felder, auf denen Obst und Gemüse angebaut werden. Kleine Gehöfte liegen in den Feldern. Ihr Onkel erklärt: „Huerta heißt Garten. Die meisten Huertanos (Bauern) besitzen nur ein bis zwei Hektar Land. Sie können aber das ganze Jahr hindurch anbauen und ernten, weil sie **Bewässerungsfeldbau** betreiben."
„Woher kommt das Wasser?", will Carmen wissen. „Wir nutzen das Grundwasser und das Flusswasser des Segura. Zusätzlich bekommen wir Wasser aus dem Fluss Tajo. Es wird 400 Kilometer weit durch Röhren hierher geleitet.
Früher ließ man das Wasser in Furchen auf die Felder fließen. Dabei verdunstete jedoch ein großer Teil. Deshalb wird diese *Furchenbewässerung* nur noch selten angewendet.
Oft verwenden die Huertanos heute die *Schlauchbewässerung*. Dazu wurden auf den Feldern Schläuche verlegt, die das Wasser zu den Pflanzen bringen. So kann es nicht ungenutzt versickern oder verdunsten.
In den neuen Gewächshäusern weit draußen am Rande der Huerta wird noch sparsamer bewässert. Dort läuft das Wasser durch Kunststoffleitungen zu jeder einzelnen Pflanze. Die Pflanzen erhalten genau die Wassermenge, die sie benötigen. Das ist die *Tropfbewässerung*. In der ‚neuen' Huerta sind auch die Grundstücke größer. Deswegen lohnt sich hier die Landwirtschaft. Die meisten Produkte werden exportiert.
In der ‚alten' Huerta lohnt sich die Landwirtschaft oft nicht mehr. Die Felder sind zu klein. Viele Huertanos verkaufen ihren Besitz und hier entstehen Fabriken und Wohnblocks."

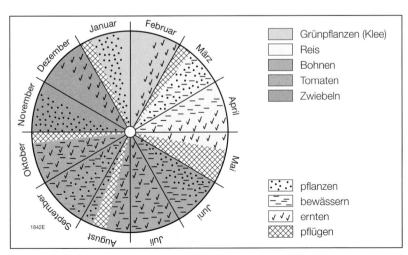

2: Arbeitsplan eines Huertano

In der Huerta von Murcia

So wurden früher die Felder bewässert – reine Wasserverschwendung.

Das ist die wassersparende Bewässerungsart.

In diesen Rohren wird das Wasser vom 400km entfernten Fluss Tajo zur Huerta geleitet.

Apfelsinen- und Zitronenbäume machen weniger Arbeit als Gemüsebeet.

3: Aus Carmens Fotoalbum

1: Lage der Niederlande in Europa

Frische Tomaten auch im Winter

Die Tomate stammt ursprünglich aus Südamerika. Sie ist eine Frucht, die eine Temperatur von ca. 20°C braucht um gut zu gedeihen. Deswegen kann sie bei uns im Freiland nur im Sommer angebaut werden. Doch auch im Winter müssen wir auf frische Tomaten nicht verzichten. Wie ist das möglich?

Etwa ein Viertel der in Deutschland angebotenen Tomaten stammt aus den Niederlanden. Dort wachsen die Tomaten in Gewächshäusern. Das sind Gebäude aus Glas. Sie stehen dicht an dicht auf riesigen Flächen von zum Beispiel 25 Hektar (250 000 m^2). Klimaanlagen verschaffen den Tomatenpflanzen optimale Wachstumsbedingungen. Sie regeln die Temperatur, die Luftfeuchtigkeit, die Frischluftzufuhr, sorgen für schadstofffreie Luft und die richtigen Lichtverhältnisse in den Gewächshäusern. Die Klimaanlagen sind in gesonderten Gebäuden untergebracht, weil sie viel Platz einnehmen.

Die Pflanzen werden in Steinwolle gesetzt. Sie ist pflegeleichter als Erde. Auch können hier die Pflanzen Nährstoffe besser aufnehmen. Die Versorgung der Tomaten erfolgt ebenso wie das Setzen vollautomatisch. Die Setzlinge werden auf Förderbändern zu ihren Standorten transportiert und mit Minirobotern in die Steinwolle gesetzt. Über eine Leitung erhalten sie eine Wasser-Nährstoff-Lösung. Diese wird in riesigen Behältern per Computer je nach Wachstumsstand der Tomatenpflanzen gemixt und auch computergesteuert den Pflanzen zugeführt. Die Ernte der Früchte erfolgt per Hand. Dann werden die Tomaten mit Kühlwagen zu Großmärkten transportiert und verkauft.

2: Tomatenanbau im Gewächshaus

3: Tomatenernte

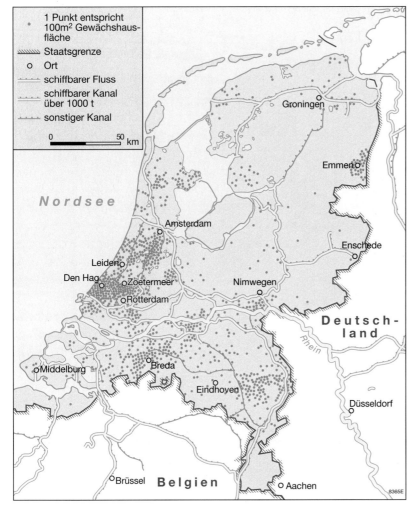

	Ertrag in Tonnen pro Hektar Anbaufläche
Niederlande	459
Großbritannien	415
Belgien	325
Deutschland	152
Portugal	68
Spanien	60
Italien	55
Griechenland	50

6: Tomatenerträge in einigen Ländern Europas 2000 (Freiland und Gewächshäuser)

4: Gewächshäuser in den Niederlanden

Zukunftsprobleme der Gewächshaustomate

Den Haag. Viele niederländische Gewächshausbetriebe müssen schließen, da zunehmende Konkurrenz aus Spanien, Israel und Marokko auf das Preisniveau der Gewächshaustomate drückt.
Diese Länder können Tomaten aufgrund ihres warmen Klimas im Freiland anbauen und ihre Waren somit billiger anbieten. Die Klimaanlagen, die den Gewächshausanbau regeln, sind nicht nur in der Anschaffung und in der Wartung sehr teuer, sie verbrauchen auch große Mengen an Energie.

Manche Menschen sagen, dass im Freiland angebaute Tomaten besser schmecken als die Gewächshaustomaten. Darüber hinaus hat der niederländische Anbau von Gewächshausgemüse ein negatives Ansehen, da die Anbaumethoden als unnatürlich betrachtet werden.

5: Zeitungsartikel

Aufgaben

1. a) Erkunde in einem Supermarkt, aus welchen Ländern die Tomaten stammen.

b) Ermittle im Atlas, auf welchen Kontinenten diese Länder liegen und wie ihre Hauptstädte heißen.

2. Worin könnten die Ursachen in den unterschiedlichen Ernte-Ergebnissen der in Abb. 6 genannten Länder liegen?

3. Beschreibe die Wachstumsbedingungen, die Tomatenpflanzen in niederländischen Gewächshäusern haben (Abb. 2, Abb. 3, Text).

4. Aus welchen Gründen müssen immer mehr Gewächshausbetriebe in den Niederlanden schließen (Abb. 5)?

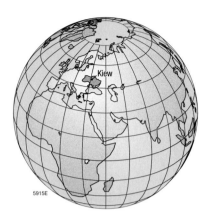

1: Lage der Ukraine

2: Die Schwarzerdeböden Osteuropas sind die fruchtbarsten Landwirtschaftsgebiete des gesamten Kontinents.

ℹ Schwarzerdeböden

Die dunklen Schwarzerdeböden sind die fruchtbarsten Böden der Erde. Sie verdanken ihre Fruchtbarkeit dem Löss. Löss ist ein kalkhaltiges Gesteinsmehl. Er wurde während der letzten Eiszeit, die bis 10 000 v. Chr. dauerte, vom Wind abgelagert. Er speichert Wasser wie ein Schwamm und sein Kalk liefert wichtige Nährstoffe für das Pflanzenwachstum.

Aufgaben

1. Welche Brotgetreide gibt es (Abb. 4)?

2. Weizen ist eine Pflanze, die besonders anspruchsvoll ist. Erkläre.

3. Nenne Gründe
a) für den Beinamen „Kornkammer" für die Ukraine,
b) für Missernten in der Ukraine.

Gute Böden und trotzdem Missernten

Der Weizen ist eine anspruchsvolle Pflanze und stellt höhere Ansprüche an den Boden als Roggen, Hafer, Gerste und Mais. Weizen benötigt sehr nährstoffreiche Böden.

Die **Schwarzerdeböden** in der Ukraine haben dem Land in Osteuropa den Beinamen „Kornkammer" verschafft. Fläche und Fruchtbarkeit der Schwarzerdeböden würden beispielsweise ausreichen um den Bedarf an Weizen und anderem Brotgetreide für ganz Europa zu decken. Doch im Land herrscht oft ein Mangel an Nahrungsmitteln. Ein unzureichender Bodenschutz führt zu Ernteausfällen. Das hängt damit zusammen, dass die großen, ausschließlich mit Getreide bestellten Ackerflächen nach der Ernte über mehrere Monate hinweg brach liegen. In dieser Zeit ist der Oberboden ungeschützt der Abtragung ausgesetzt. Unter diesen Bedingungen haben Winde bereits ein Drittel des nährstoffreichen Oberbodens abgetragen. Über den Winter schützen zwar eine Schneedecke und der Bodenfrost den Boden vor der Auswehung. Doch wenn im Frühjahr die Schneedecke taut, kann das Schmelzwasser den Oberboden wegspülen. Schutz vor der **Bodenerosion** bieten zum Beispiel Baumreihen.

Auch das Wetter macht beim Weizenanbau oft Probleme, das heißt, es kann zu wenig oder zum falschen Zeitpunkt regnen. Auf diese Weise entstehen Missernten.

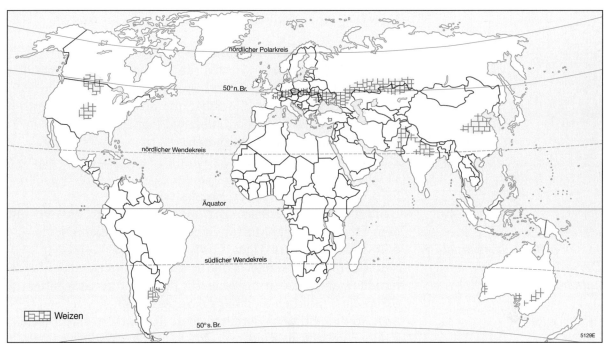

3: *Wichtige Weizenanbaugebiete der Erde (Auswahl)*

Roggen	Weizen	Gerste	Hafer	Mais
– Mehl für Brot – Grünkern – Branntwein – Viehfutter	– Mehl für Weißbrot, Mischbrot, Kekse, Kuchen – Grieß – Stärke – Viehfutter – Branntwein	– zum Brauen von Bier – Malzkaffee – Grütze – Viehfutter	– Haferflocken – Grütze – Pferdefutter	– Gemüse – Speisestärke – Traubenzucker – Popcorn – Maisbrei – Säuglingsnahrung – Futter für Haustiere

4: *Nutzung der Getreidearten*

Aufgabe

4. a) Auf welchen Kontinenten wird Weizen angebaut (Abb. 3)?
b) Nenne je zwei Weizenanbaugebiete pro Kontinent (Abb. 3 und Atlas, Karte: Erde – natürliche Vegetationszonen/Anbaugürtel).

Wir backen Weizenküchlein
Zutaten für 4 Personen:

125 g Weizenmehl, 2 kleine Eier, 1/8 l Milch, 1/8 l Wasser, 1 Prise Backpulver, 1/2 Teelöffel Zucker, 3 Bananen, Fett zum Braten

Anleitung:

1. Trenne die Eier und schlage das Eiweiß zu Eischnee.
2. Schneide die Bananen in Scheiben.
3. Verrühre das Mehl mit dem Eigelb, der Milch, dem Backpulver und dem Zucker zu einem dickflüssigen Teig.
4. Ziehe vorsichtig den Eischnee darunter.
5. Gib den Teig esslöffelweise in eine Pfanne mit ausgelassenem Fett, lege je eine Bananenscheibe drauf und brate die Küchlein von beiden Seiten goldgelb.

Tipp: Du kannst für dieses Rezept auch ein anderes Mehl verwenden.

Viel Spaß beim Backen und guten Appetit!

5: *Weizen – vom Korn zum Küchlein*

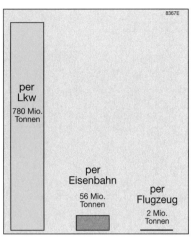

1: Beförderte Lebensmittel in Deutschland nach Verkehrsmitteln

Der Weg der niederländischen Tomate zu uns

3.00 Uhr, Aalsmeer, Großmarkt:
In der Großmarkthalle werden die verpackten Tomaten angeboten und von einem deutschen Großhändler gekauft. Von den Lagerhäusern des Großmarktes aus werden die Waren mit dem Lkw nach Amsterdam zum Flughafen gefahren.
4.30 Uhr, Amsterdam, Flughafen:
Die Tomaten werden als Fracht an Bord einer deutschen Fluglinie gebracht.
5.50 Uhr, Frankfurt/Main, Flughafen:
Landung des Flugzeuges. Von hier werden die Tomaten mit dem Lkw in die Frankfurter Großmarkthalle gefahren.
6.20 Uhr, Frankfurt/Main, Großmarkthalle:
Der Großhändler bietet seine frischen Tomaten den Einzelhändlern an. Diese bringen sie mit Lkws in ihre Geschäfte.
8.30 Uhr, Frankfurt-Bornheim, Supermarkt:
Jetzt können die niederländischen Tomaten von deutschen Kunden gekauft werden.

Transport einer Tonne Lebensmittel	
per Lkw	175 Euro
per Eisenbahn	196 Euro
per Flugzeug	2130 Euro

2: Frachtpreise für die Strecke Frankfurt – Madrid nach Verkehrsmitteln

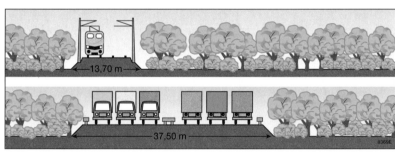

4: Flächenbedarf (Landschaftsverbrauch) ausgewählter Verkehrsmittel

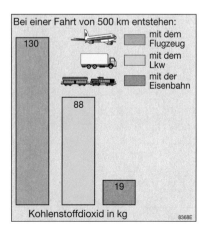

3: Schadstoffbelastung der Luft durch verschiedene Verkehrsmittel

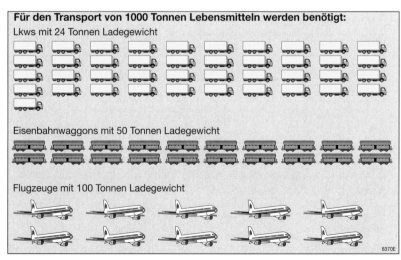

5: Transportleistungen von verschiedenen Verkehrsmitteln

40

Transportmittel sind nicht gleich

Die Voraussetzungen, die der Einsatz von Verkehrsmitteln benötigt, sind unterschiedlich. Flugzeuge brauchen zum Beispiel Start- und Landebahnen sowie große Flächen und Gebäude zur Abfertigung. Eisenbahnen benötigen Schienen und einen Bahnhof und Lkws müssen auf Straßen fahren. Für den Bau von Landebahnen, Straßen und Schienen werden Flächen der Landschaft verbraucht.

In der Regel werden Lebensmittel, so wie andere Waren auch, mit zwei oder drei Verkehrsmitteln transportiert.

Verkehrsmittel unterscheiden sich in der Geschwindigkeit. Viele Lebensmittel verderben leicht und müssen schnell transportiert werden. Dabei ist zu beachten, dass die schnellen Verkehrsmittel teurer sind als langsame. Der Energiebedarf ist bei schnellen Verkehrsmitteln sehr hoch. Denn um Schnelligkeit zu erreichen, wird Kraftstoff benötigt.

Fragen des Umweltschutzes sind ebenfalls wichtig beim Transport von Lebensmitteln. Flugzeuge und auch Lkws brauchen sehr viel Kraftstoff. Bei der Verbrennung des Kraftstoffes bildet sich ein Gas (Kohlenstoffdioxid), das für die Umwelt und die Menschen schädlich ist. Die Luftverschmutzung kann eine der Ursachen für Atemwegserkrankungen und Allergien von Erwachsenen und Kindern sein.

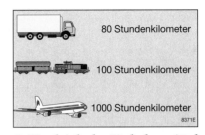

6: Vergleich der Verkehrsmittel nach ihrer Höchstgeschwindigkeit

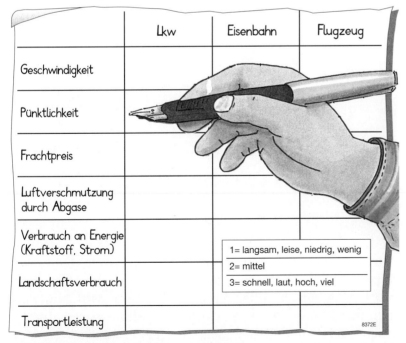

7: Sonja „benotet" die Transportmittel

Aufgaben

1. Erläutere mithilfe des Textes den Weg der niederländischen Tomaten zum Kunden in Deutschland.

2. Straßen und Start- bzw. Landebahnen sind „Landschaftsfresser". Erkläre anhand von Abb. 4 und dem Text.

3. Übertrage die Tabelle in Abb. 7 in dein Heft und „benote" die Verkehrsmittel mithilfe der Abbildungen und des Textes auf dieser Seite. Begründe deine „Noten" am Beispiel eines Verkehrsmittels.

1: Backwaren aus Europa (Auswahl)

Labels in the illustration:
3 Berliner
4 Biscotti
1 Salzburger Nockerln
2 Braune Kuchen
5 Hafermakronen
8 Ingwerkuchen
7 Madeleines
9 Zitronenwaffeln
6 Berner Plätzchen

Auf dem Transparent: *Wir Eurobäcker sind für ein vereintes Europa der Leckermäuler*

Aufgaben

1. Ordne den Backwaren der „Euro-bäcker" das jeweilige Herkunftsland zu (Atlas, Karte: Europa – Staaten).

2. „Leckereien aus Europa" – so könntet ihr ein Backprojekt nennen. Besorgt euch dazu Rezepte verschiedener europäischer Backwaren und stellt die Kuchen und Kekse her. Erarbeitet zu den Herkunftsländern Steckbriefe, Bildtafeln usw. Ladet euch Gäste ein (z.B. die Eltern, andere Schülerinnen und Schüler). Informiert sie über euer Projekt und bietet ihnen die selbst gebackenen Leckereien an.

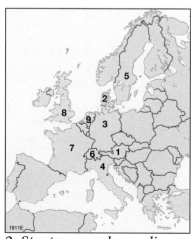

2: Staaten, aus denen die Backwaren stammen

Zitronenwaffeln aus ?

Man braucht : 1 Waffeleisen

200 g Mehl	1 Prise Salz
100 g Butter	⅛ l saure Sahne
40 g Zucker	⅛ l Milch
2 Eier	20 g Hefe
Saft und geriebene Schale einer ungespritzten Zitrone	Puderzucker (zum Bestäuben)

Zubereitung:

In die schaumig gerührte Butter mixt man Zucker, Eier, Salz, Zitronensaft und -schale, saure Sahne und Mehl. Dann wird die in lauwarmer Milch aufgelöste Hefe in den Teig eingerührt. Alles gut verquirlen, bis der Teig Blasen wirft. Nun muss man ihn 30 Minuten „gehen" lassen. Portionsweise wird er in einem gefetteten Waffeleisen hellgelb ausgebacken. Zum Schluss werden die Waffeln mit Puderzucker bestäubt.

Das Wichtigste
kurz gefasst:

Nahrung aus dem Meer

Die flachen küstennahen Bereiche sind für den Fischfang besonders ergiebige Fangplätze. Im Wattenmeer ziehen Kutter Schleppnetze neben sich her um Krabben zu fischen.

Fangfabrikschiffe sind in den fischreichen Gewässern des Nordatlantiks unterwegs um unter anderem Kabeljau, Seelachs oder Heringe an Bord zu holen. Der Fang wird bereits auf dem Schiff sortiert, verarbeitet und eingefroren. Im Heimathafen wird er verkauft und über Kühltransporter in die Geschäfte gebracht.

Wein aus Frankreich

Frankreich ist nach Italien das zweitgrößte Weinbauland der Erde. Jährlich werden ungefähr 70 Millionen Hektoliter Wein erzeugt. Die Weinbaubetriebe liegen häufig inmitten der Weinfelder. Anbau und Verarbeitung sind eng verzahnt. Die großen Betriebe verkaufen ihre Weine selbst.

Obst und Gemüse aus Spanien

Die Huertas in Spanien sind Obst- und Gemüseanbaugebiete, in denen das ganze Jahr hindurch angepflanzt und geerntet wird. Mit Grundwasser und Flusswasser werden die Pflanzen bewässert. Sie sind ein Beispiel für Bewässerungsfeldbau mit Schlauch- und Tropfbewässerung.

Tomaten aus den Niederlanden

Etwa ein Viertel der in den Einkaufsmärkten angebotenen Tomaten stammt aus den Niederlanden. Sie wachsen dort in Glashäusern. Klimaanlagen ermöglichen es, dass die Tomaten auch im Winter wachsen.

Weizen aus der Ukraine

Weizen wächst besonders gut auf den fruchtbaren Schwarzerdeböden der Ukraine. Die Anbaufläche dort reicht aus um den Bedarf an Brotgetreide für ganz Europa zu decken. Doch in der Ukraine gibt es oft einen Mangel an Nahrungsmitteln, da der Boden nach der Ernte schutzlos der Abtragung durch Wind ausgesetzt ist und im Frühjahr oft durch Schmelzwasser fortgespült wird.

Lebensmittel reisen

Für den Transport von Lebensmitteln stehen die Transportmittel Lkw, Eisenbahn und Flugzeug zur Verfügung. In der Regel werden Lebensmittel mit zwei oder drei Verkehrsmitteln transportiert, bis sie in den Geschäften zum Verkauf angeboten werden. Die Verkehrsmittel unterscheiden sich unter anderem in der Geschwindigkeit, in den Kosten, im Landschaftsverbrauch und in der Luftverschmutzung.

Grundbegriffe

Fischgründe
Fangfabrikschiff
Überfischung
Genossenschaft
Bodenversalzung
Huerta
Bewässerungsfeldbau
Schwarzerdeboden
Bodenerosion

Im Rheinischen Braunkohlenrevier

Technische Daten des Schaufelradbaggers

Länge: 210 m
Höhe: 95 m
Gewicht: 12 800 Tonnen
Förderung pro Tag:
240 000 Kubikmeter Braunkohle (1 Kubikmeter = 1 m · 1 m · 1 m)
Ein Güterwagen der Bahn fasst 20 Kubikmeter.

Bodenschatz Kohle

1: Kohlekraftwerk Scholven in Gelsenkirchen

Wozu brauchen wir Kohle?

● Kohle ist ein **Energierohstoff**. Sie wird in Kohlekraftwerken
verbrannt um elektrischen Strom zu erzeugen. Hierbei wird
Wasser so lange erhitzt, bis Wasserdampf entsteht. Der Wasserdampf treibt eine Turbine an, die an einen Generator angeschlossen ist. Der Generator erzeugt Strom. Er arbeitet wie
der Dynamo am Fahrrad. Wenn der Dynamo angetrieben
wird, erzeugt er Strom und die Fahrradlampe leuchtet. Je
schneller du trittst, um so heller leuchtet die Lampe. Deiner
Arbeit auf dem Fahrrad entspricht im Kohlekraftwerk die
Wärme, die beim Verbrennen der Kohle frei wird.

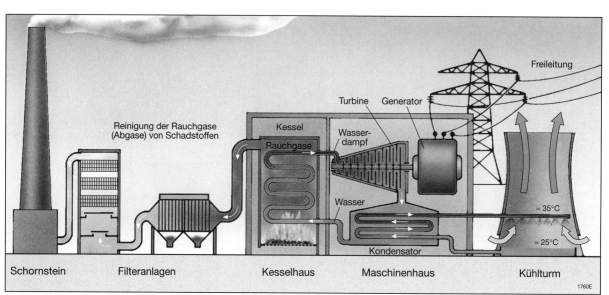

2: Schema eines Kohlekraftwerkes

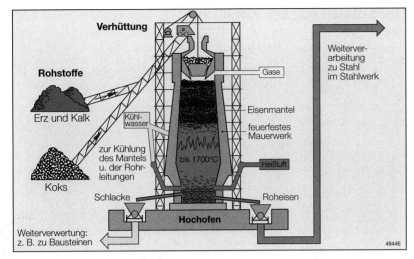

3: *Schema eines Hochofens*

Aufgaben

1. a) Welche Aufgabe hat die Kohle im Kohlekraftwerk (Abb. 2)?

b) Verdeutliche dir dies in einem Versuch: Stelle einen Topf mit Wasser auf den Herd und bringe das Wasser zum Kochen. Halte eine Windmühle aus Papier oder Kunststoff senkrecht in den aufsteigenden Wasserdampf. Was kannst du feststellen?

2. Wozu wird Koks im Hochofen verwendet (Abb. 3)?

3. Lege Transparentpapier auf Abb. 1. Schraffiere die Kühltürme blau und die Schornsteine grau. Schreibe in dein Heft, welche Aufgabe Kühlturm und Schornstein im Kohlekraftwerk haben (Abb. 2).

4. Notiere fünf Gegenstände des täglichen Lebens, die aus Kohle hergestellt werden (Abb. 4).

● Aus Kohle wird Koks hergestellt. Dieser wird im **Hochofen** verbrannt um aus Eisenerz Eisen herauszuschmelzen (Eisenerzverhüttung). Das flüssige Eisen wird anschließend im Stahlwerk und im Walzwerk weiterverarbeitet, beispielsweise zu Stahlplatten und Eisenbahnschienen.

● Kohle wird in Kohleöfen verbrannt und in privaten Haushalten zum Heizen und Kochen genutzt. Diese Verwendung der Kohle nennt man Hausbrand. Immer weniger Haushalte nutzen jedoch die Kohle als Hausbrand.

● Kohle wird auch als Rohstoff in der chemischen Industrie verarbeitet. Viele Gegenstände des täglichen Lebens enthalten Bestandteile von Kohle.

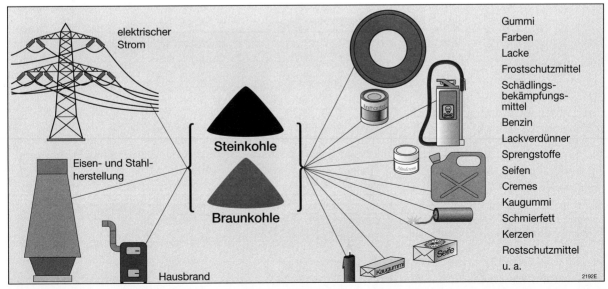

4: *Verwendung von Kohle*

Die Entstehung der Kohle

Wo man heute Kohle findet, standen vor 300 Millionen Jahren riesige Sumpfwälder. Das Klima war warm und feucht. Die Erdkruste war in Bewegung.

Langsam senkte sich das Land. Das Meer brach ein, überflutete die Sumpfwälder und deckte sie mit Schlamm, Sand und Geröll zu. Die Wälder wurden von der Luft abgeschlossen und gerieten unter den Druck der aufliegenden Massen. So veränderte sich das Holz mit der Zeit. Aus dem Holz wurde Torf.

Die Bewegung der Erdkruste ging weiter. Das Land hob sich wieder. Dadurch wich das Meer zurück. Neue Sumpfwälder entstanden.

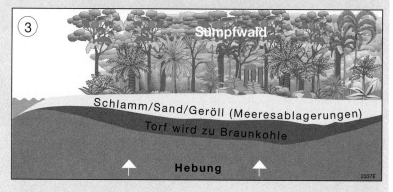

Nochmals senkte sich das Land, die Wälder wurden überflutet, wieder entstand Torf. Der weiter unten liegende Torf wandelte sich in **Braunkohle** um. Die Braunkohle wurde schließlich zu **Steinkohle**.

Das Heben und Senken des Landes wiederholte sich in 70 Millionen Jahren über hundert Mal. Deshalb findet man im Ruhrgebiet über 100 **Flöze** übereinander. Flöz nennt man eine Kohle führende Gesteinsschicht.

1: So sah der Wald vor 200 Millionen Jahren aus

2: Abdruck eines Farnwedels in der Steinkohle

Verbreitung der Kohle in Europa

Kohle ist ein wichtiger Bodenschatz. In Deutschland gibt es viele Gebiete, in denen Kohle abgebaut wird. Zuerst förderte man die Kohle, die an der Erdoberfläche zutage trat. Später entwickelte man Techniken, mit denen man auch tiefer liegende Flöze abbauen konnte. Braunkohle wird heute in Deutschland bis in 500 m Tiefe abgebaut. Die wichtigsten Fördergebiete sind die Ville bei Köln, das Mitteldeutsche Revier um Halle-Leipzig und die Niederlausitz um Senftenberg.

Steinkohle ist älter als Braunkohle. Deshalb liegen die Steinkohlenflöze tiefer. Steinkohle enthält im Vergleich zu Braunkohle weniger Wasser. Das Wasser wurde durch den Druck der darüber liegenden Schichten herausgepresst. Wichtige Fördergebiete befinden sich an Ruhr, Saar und bei Ibbenbüren. Im Ruhrgebiet wird Steinkohle bis 1300 m Tiefe abgebaut.

3: Braunkohle (links) und Steinkohle (rechts)

Aufgaben

1. Lege Transparentpapier auf eine Atlaskarte mit den Vorkommen von Braunkohle und Steinkohle in Deutschland (z.B. Karte: Deutschland – Energierohstoffe). Zeichne den Umriss von Deutschland grob nach und trage die Gebiete der Kohlenvorkommen ein. Zeichne in jedes Gebiet eine Signatur für Braunkohle bzw. Steinkohle. Trage ein bis zwei Städte in der Nähe der Kohleabbaugebiete ein und beschrifte sie. Notiere zum Schluss die Namen der Kohlereviere.

2. Erkläre die Entstehung der Kohle. Verwende dabei die Begriffe: Torf, Wald, Druck, Umwandlung.

3. Erläutere, warum im Ruhrgebiet mehr als hundert Flöze übereinander liegen.

49

Tagebaue im Rheinischen Braunkohlenrevier

1: Lage des Rheinischen Braunkohlenreviers in Nordrhein-Westfalen

2: Vorarbeiter Harry am Schaufelrad

Aufgaben

1. Finde die Namen in der Übungskarte (Abb. 3) heraus (Atlas, Karte: Rheinisches Braunkohlenrevier).

2. Lege Transparentpapier auf die Übungskarte (Abb. 3) und zeichne Herrn Habels Weg zur Arbeit nach. Markiere den Teil der Autobahn mit einem Buntstift, der für den Tagebau verlegt werden muss.

3. a) Erkläre die Entwicklung des Braunkohlentagebaus (Seite 51). Verwende die Begriffe: Deckschicht, Flöz, Absetzer, Schaufelradbagger, Außenkippe, Innenkippe.
b) Was verschwindet mit der Vergrößerung des Tagebaus?

4. Sind auf Seite 44/45 Schaufelradbagger oder Absetzer abgebildet?

Herr Habel arbeitet im Tagebau Hambach

Peter Habel ist Schaufelradbaggerführer. Er arbeitet im Rheinischen Braunkohlenrevier. Von seinem Wohnort Frechen fährt er jeden Morgen über die Autobahn zu seinem Arbeitsplatz. Er überquert den Höhenzug der Ville. Hier wurde bereits im 16. Jahrhundert Braunkohle abgebaut. Meistens benutzten ärmere Familien die Braunkohle als Hausbrand. Im Laufe des 19. Jahrhunderts verwendeten auch Fabriken Braunkohle. Im südlichen Teil der Ville lag die Braunkohle nahe an der Erdoberfläche. Hier begann der **Tagebau**. 1959 war die Braunkohle in diesem Teil der Ville abgebaut. Die Tagebaue „wanderten" nach Norden und Westen.

Bald wird der Tagebau Hambach erweitert. Dann muss ein Teil der Autobahn verlegt werden.

Baggerführer Habel berichtet über seine Arbeit:

„Mit nur vier Kollegen bediene ich den Schaufelradbagger. Er schafft so viel wie 40 000 Menschen mit Hacke und Schaufel. Harry, der Vorarbeiter, steht neben dem Bagger und gibt mir über Sprechfunk Anweisungen, wie tief ich mit dem Schaufelrad in den Berg hineinschneiden soll. Schaufelradbagger räumen die Erde ab (Abraum) und gewinnen die Kohle. Zusammen mit meinen Kollegen der Mittags- und Nachtschicht kann ich den Tagebau jeden Tag um etwa einen Meter vorantreiben."

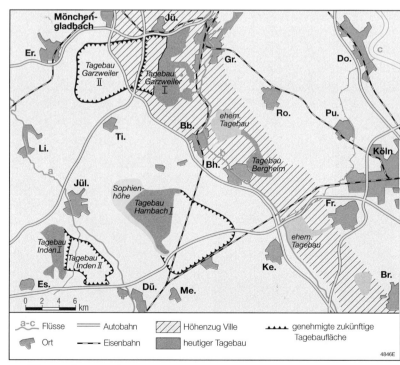

3: Übungskarte Rheinisches Braunkohlenrevier (Ausschnitt)

50

Der Tagebau frisst sich voran

1. Die Deckschichten werden abgetragen

Zuerst werden die Deckschichten vom Schaufelradbagger abgetragen (Abraum). Der Abraum gelangt über Transportbänder zum Absetzer. Der Absetzer kippt den Abraum an den Rand des Tagebaus. Es entsteht die **Außenkippe**.

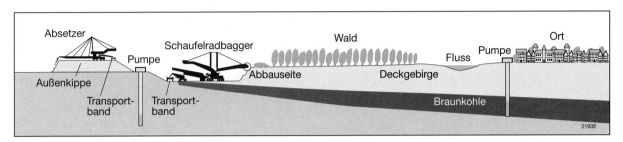

2. Die Kohle wird abgebaut

Sind die Flöze (Kohlenschichten) freigelegt, beginnt der Schaufelradbagger mit dem Kohleabbau. Die Kohle gelangt über Transportbänder zum Kohlenbunker. Vor hier aus werden Kraftwerke und Fabriken beliefert.

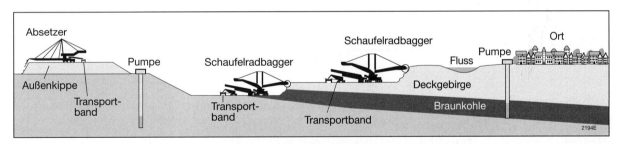

3. Das Loch wird mit Abraum verfüllt

Ist die Kohle in einem Teil des Tagebaus abgebaut (ausgekohlt), wandert der Tagebau weiter. Der ausgekohlte Teil wird mit Abraum aufgefüllt. Es entsteht die **Innenkippe**. Die Außenkippe wird mit Bäumen bepflanzt.

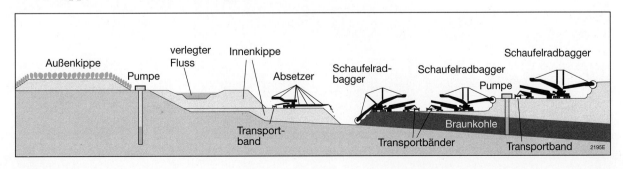

Tagebaue im Rheinischen Braunkohlenrevier

Aufgaben

1. Beschreibe die Veränderung der Landschaft in Abb. 1, 2 und 4. Benutze den Begriff „Rekultivierung".

2. Welche Maßnahmen müssen ergriffen werden, damit landwirtschaftliche Flächen nach dem Kohlenabbau wieder genutzt werden können?

3. a) Notiere, welche Freizeiteinrichtungen am geplanten See vorgesehen sind (Abb. 3)?
b) Was ist für den Naturschutz geplant (Abb. 3)?

4. Für viele Menschen ist das rekultivierte Gebiet der Ville ein Naherholungsbiet. Nenne fünf Städte mit über 20 000 Einwohnern, die im Umkreis von 40 km liegen (Atlas, Karte: Deutschland – physisch).

Neue Landschaften entstehen

Mirko wohnt in Bedburg. Am Wochenende fährt er mit seinen Eltern oft zur Sophienhöhe am Rand des Tagebaus Hambach (siehe Seite 50 Abb. 3). Es ist die aufgeforstete Außenkippe des Tagebaus. Von hier aus hat man eine gute Aussicht auf den Tagebau Hambach. Mirkos Mutter erinnert sich noch, wie es vor dem Braunkohlenabbau aussah: „Wir sind früher immer zum Bürgewald gefahren. Es war ein ausgedehnter Laubwald, einzigartig in Deutschland. Dort, wo der Wald stand, befindet sich jetzt das größte Loch Deutschlands. Es ist schade, dass diese Pflanzen- und Tierwelt nicht bleiben konnte. Auch viele Landwirte mussten ihre Äcker aufgeben."

Mirko weiß aber, dass die Landschaft nicht so trostlos und zerstört bleibt, wie sie jetzt ist. In der Ville sind die ausgekohlten Tagebaue bereits „rekultiviert" worden. Das bedeutet, die Landschaft ist neu gestaltet worden. Aus den Restlöchern des Tagebaus sind Seen geworden. Dort kann man surfen und schwimmen. Wälder mit Freizeiteinrichtungen und Naturschutzgebieten sind entstanden. Viele Menschen kommen am Wochenende zur Erholung dorthin. Für diese **Rekultivierung** muss die Firma sorgen, die die Kohle abbaut.

1: Braunkohlenabbau bei Bedburg – Aufnahme am 17. 5. 1976   *2: ... am 8. 9. 1982*

Spazierweg · Flachufer · Sonnenterrasse · Bolzplatz · Sandbucht · P · Steilufer · Steilufer · Blumenwiese · Flachwasserzone

3: *Erholung und Naturschutz am geplanten See*

Fruchtbarer Boden wurde vor dem Tagebau abgetragen und an anderer Stelle zwischengelagert. Bei der Rekultivierung bringt man ihn auf die neuen Ackerflächen auf. Nun muss sich aber erst wieder eine Bodenlebewelt entwickeln. Man sät Luzerne und Klee. Diese Pflanzen durchwurzeln den Boden und reichern ihn mit wichtigen Nährstoffen an. Nach zwei Jahren werden die Pflanzen untergepflügt. So sind sie gleichzeitig Dünger. Danach wird der Boden noch fünf bis acht Jahre weiter bewirtschaftet, bevor er den Landwirten übergeben wird.

4: *... und am 1. 7. 1989*

Steinkohlenabbau im Ruhrgebiet

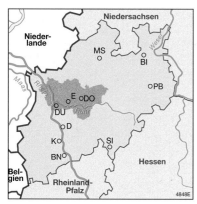

1: Lage des Ruhrgebiets –
Im Ruhrgebiet lagern die
größten Steinkohlenvor-
kommen Deutschlands.

i **Bergwerk**

Ein Bergwerk ist eine Anlage,
in der ein Bodenschatz unterirdisch (unter Tage) abgebaut und
gefördert wird. In Deutschland erfolgt der Steinkohlenabbau in
Bergwerken. Im Ruhrgebiet werden die Bergwerke auch Zechen
genannt, im Saarland heißen sie
Gruben.

Aufgaben

1. Wie hat sich der Steinkohlenabbau
gegenüber früher verändert?

2. Überlege Vor- und Nachteile für die
Arbeiter, wenn Maschinen wie der
Walzenschrämlader ihre Arbeit über-
nehmen.

3. Betrachte Abb. 4 und lies den
darunter stehenden Text.
a) Erläutere den Weg der Kohle „über
Tage", beginnend von der Ankunft im
Förderturm.
b) Beschreibe, was sich „unter Tage"
im Steinkohlenbergwerk abspielt.
Benutze die Buchstaben ⓐ bis ⓘ.

2: Schichtwechsel

Ein Arbeitsplatz unter der Erde

Herr Sowinsky ist Bergmann. Er baut in einem **Bergwerk**
Steinkohle ab. Sein Arbeitsplatz liegt 1000 Meter unter der
Erde. Bei Schichtbeginn fährt er im Förderkorb mit einer
Gruppe von Bergleuten „unter Tage". Alle sind mit Helm und
Kopflampe ausgerüstet. Dann steigt Herr Sowinsky in einen
Zug, der ihn zum Streb bringt. Das ist die Stelle, an der die
Steinkohle gewonnen wird. Herr Sowinsky löst seinen Kum-
pel Peter Müller am Walzenschrämlader ab. Diese Maschine
sägt die Kohle aus dem Flöz. Die Kohlenbrocken fallen auf
ein Transportband. Herr Sowinsky erinnert sich: „Früher
haben wir die Kohle mit Presslufthämmern herausgeschlagen.
Das war eine harte Arbeit. Was 300 Hauer in 24 Stunden
schafften, baut die Maschine in einer Stunde ab."

3: Walzenschrämlader beim Kohlenabbau

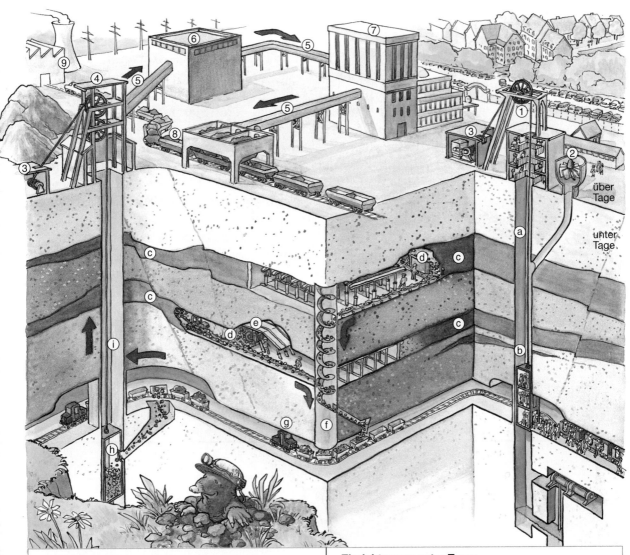

Einrichtungen über Tage:

① Schachtgerüst
② Belüftungsanlage
③ Fördermaschine
④ Förderturm
⑤ Transportband
⑥ Kohlenwäsche
⑦ Kohlenbunker
⑧ Zechenbahn
⑨ Kraftwerk

Einrichtungen unter Tage:

ⓐ Schacht
   (Personen und Material)
ⓑ Förderkorb
   (Personen und Material)
ⓒ Flöz
ⓓ Streb
ⓔ Walzenschrämlader
ⓕ Transportband
ⓖ Güterzug mit Kohle
ⓗ Förderkorb (Kohle)
ⓘ Schacht (Kohle)

4: Arbeitsweise im Steinkohlenbergbau

Das *Schachtgerüst* ① steht über dem Schacht, in dem die Bergleute „unter Tage" fahren. Der Förderkorb, eine Art Fahrstuhl, wird von der *Fördermaschine* ③ bewegt. Eine *Belüftungsanlage* ② sorgt für die Frischluftzufuhr: Die Temperatur unter Tage wird von fast 40 °C auf etwa 28 °C gesenkt. Vollautomatisch wird die Kohle „über Tage" gefördert. Vom *Förderturm* ④ gelangt sie über *Transportbänder* ⑤ in die *Kohlenwäsche* ⑥. Hier trennt man mithilfe von Wasser das Gestein von der Kohle. Die gereinigte Kohle wird im *Kohlenbunker* ⑦ zwischengelagert, bis sie weitertransportiert wird. Viele Bergwerke haben ein *Kraftwerk* ⑨. Dorthin wird die Kohle mit der *Zechenbahn* ⑧ gebracht und zur Erzeugung von Strom genutzt.

HOLLYWOOD IN GERMANY

Eine amerikanische Filmfirma hat in Bottrop einen Erlebnispark geschaffen.

Auf einer Fläche von 42 Hektar erwarten den Besucher Fahrten rund um Kinohits wie „Batman" oder „Die unendliche Geschichte". Aus 600 Tonnen Stahl wurde zum Beispiel eine Achterbahn gebaut. Auf ihr fahren zwei Züge auf einer 700 m langen Strecke gleichzeitig nebeneinander.

Zusätzlich werden Shows gezeigt und in den Studios auf dem Gelände Filme gedreht.

Das Ruhrgebiet verändert sich

Früher wurden viele Haushalte und Industriebetriebe mit Steinkohle beheizt. Nach und nach stellte man die Heizungsanlagen auf Erdöl oder Erdgas um. Dies war billiger und sauberer. Auch in der Industrie wird weniger Steinkohle verfeuert. Speziell in der Eisen- und Stahlindustrie wurden neue Techniken entwickelt, die weniger Kohle benötigen.

Immer mehr Steinkohle, die in Deutschland verbraucht wird, kommt aus anderen Ländern. Sie liegt dort nicht so tief in der Erde und die Flöze sind bis zu 20 Meter mächtig. Teilweise kann sie – wie die Braunkohle bei uns – sogar im Tagebau gefördert werden. Das ist billiger.

All das hat zur Folge, dass im Ruhrgebiet Zechen schließen müssen. Die Städte im Ruhrgebiet bemühen sich neue Industrien anzusiedeln. In Bochum hat zum Beispiel die Firma Opel auf ehemaligem Zechengelände ein Werk errichtet. Aber auch im Freizeitbereich entstehen neue Arbeitsplätze.

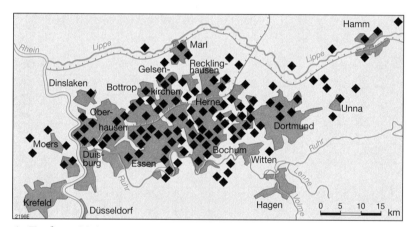

1: Zechen 1954

Aufgaben

1. a) Zähle nach, wie viele Zechen es im Jahr 1954 im Ruhrgebiet gab (Abb. 1).

b) Zähle nach, wie viele Zechen heute noch Kohle fördern (Abb. 2).

2. Ergänze im folgenden Satz mithilfe von Abb. 1 und 2 die richtige Himmelsrichtung (Norden/Süden): Die Zechen im … des Ruhrgebiets sind heute alle stillgelegt.

3. Nenne zwei Gründe, warum im Ruhrgebiet Zechen schließen mussten.

4. In welchen Bereichen entstehen neue Arbeitsplätze im Ruhrgebiet (siehe auch Kastentext oben)?

2: Zechen heute

Tabellen auswerten

Wir „lesen" Tabellen

Um Tabellen richtig zu verstehen muss man sie schrittweise auswerten.

Wir nehmen als Beispiel die Tabelle 1.

Tab. 1: Entwicklung der Einwohnerzahlen ausgewählter Großstädte in Nordrhein-Westfalen (in 1000)

	1850	1970	1980	1990	2000
Essen	11	712	660	627	599
Dortmund	14	640	610	599	590
Duisburg	13	455	580	535	519
Gelsenkirchen	1	348	311	294	282

● Die *Überschrift* gibt an, um was es in der Tabelle geht. Manchmal ist in Klammern eine Maßeinheit genannt. Hier steht „in 1000". Man muss also an alle Zahlen in Gedanken drei Nullen anhängen.

1. Schritt: die Überschrift

● Wir lesen die Zahlen von links nach rechts, jede *Zeile* für sich. Wir stellen fest, was die Zahlen aussagen.
Hier zum Beispiel lesen wir in der obersten Zeile: Essen hatte im Jahr 1850 11 000 Einwohner, im Jahr 1970 712 000 Einwohner usw.
Wir stellen fest, dass die Einwohnerzahl bis 1970 stieg, dann jedoch gefallen ist.

2. Schritt: die Zeilen

● Wir lesen die Zahlen von oben nach unten, jede *Spalte* für sich. Wir stellen fest, was die Zahlen aussagen.
Hier zum Beispiel lesen wir für das Jahr 1850: In Essen lebten 11 000, in Dortmund 14 000, in Duisburg 13 000, in Gelsenkirchen 1000 Menschen. Wir stellen fest, dass von diesen Städten Dortmund die meisten Einwohner hatte und Gelsenkirchen die wenigsten.

3. Schritt: die Spalten

● Wir fassen die *Ergebnisse* zusammen.
In Essen, Dortmund und Gelsenkirchen sind die Einwohnerzahlen bis 1970 gestiegen und dann gefallen. In Duisburg stieg die Einwohnerzahl noch bis 1980. Während im Jahr 1850 Dortmund die Stadt mit den meisten Einwohnern war, ist es seit 1970 Essen. Die kleinste der vier angegebenen Städte war immer Gelsenkirchen.

4. Schritt: Ergebnis

Tab. 2: Steinkohlenförderung und Beschäftigte im Steinkohlenbergbau des Ruhrgebiets

	1957	1970	1980	1990	2000
Steinkohlenförderung (in Mio. t)	123	91	69	55	26
Beschäftigte im Steinkohlenbergbau (in 1000)	494	203	142	101	45

Aufgabe

5. Werte die Tabelle 2 aus.

	Förderung pro Jahr	Reserven
Norwegen:	106	930
Dänemark:	2	65
Großbritannien:	94	1890

1: Nordsee-Erdöl (in Mio. t)

Arbeitsplatz Bohrplattform

Sonntag, 26. November, 9.00 Uhr. Olaf Brusveen steht mit 24 Kollegen auf dem Flugfeld von Stavanger in Norwegen. Sie warten auf den Hubschrauber der norwegischen Ölgesellschaft, der sie zu ihrem Arbeitsplatz mitten in der Nordsee bringen wird. Das Wetter ist gut. Für die Piloten dürfte es keine Schwierigkeit sein, die rund 300 Kilometer entfernt gelegene Bohrplattform Statfjord A zu erreichen. Hier werden Erdöl und Erdgas gefördert und dann über Rohrleitungen, die **Pipelines**, zur Küste transportiert. Diese sind auf dem Meeresboden verlegt. Erdöl ist ein wichtiger Energierohstoff (siehe auch Seite 61 Abb. 4). Olaf ist auf der Plattform als Maschinist tätig. 14 Tage lang arbeitet er hier zwölf Stunden am Tag, danach hat er zwei Wochen Freischicht auf dem Festland.

Die Arbeit ist gefährlich. Schwere Stürme können die im Meeresboden verankerten Bohrplattformen losreißen oder die Pipelines zerstören. Taucher kontrollieren regelmäßig, ob die Rohrleitungen noch dicht sind. Ein schwerer Unfall ereignete sich vor einigen Jahren im Ekofisk-Feld. Bei Wartungsarbeiten brach ein Ventil und eine 60 Meter hohe Fontäne aus Öl und Gas stieg in die Luft. Neun Tage floss eine riesige Menge Erdöl in die Nordsee, bevor das Leck abgedichtet werden konnte. Die Öllache war größer als die Fläche von Hessen. Seehunde, Vögel und Fische, die mit dem Ölteppich in Berührung kamen, starben qualvoll.

Aufgaben

1. In der Nordsee werden Erdöl und Erdgas gefördert. Stelle fest, zu welchen Ländern die Pipelines führen (Abb. 2 und Atlas, Karte: Nordsee – Belastung der Umwelt). Schreibe die Länder auf und benenne die eingetragenen Städte.

2. Berechne mithilfe der Abb. 1, wie viele Jahre die bekannten Erdölvorräte der einzelnen Länder bei gleich bleibender Fördermenge reichen.

3. Berechne die Jahresfördermenge an Erdöl auf ‚Statfjord A‘ (Abb. 3).

4. Welche Gefahren gehen von der Erdölförderung für den Naturraum Nordsee aus? Denke vor allem an die dort lebenden Tiere und die an den Küsten wohnenden Menschen.

5. Lege eine Liste mit mindestens fünf Bodenschätzen an, die in Nordeuropa abgebaut werden. Ordne die Bodenschätze den Staaten zu (Atlas, Karte: Europa – Bergbau/Industrie).

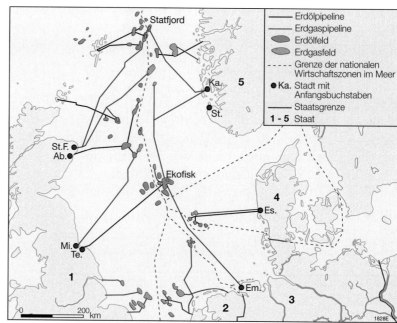

2: Übungskarte

- Unterkünfte für 200 Personen
- Abstand zur Meeresfläche: 30 m
- Wassertiefe: 150 m
- Dicke des Meeresbodengesteins bis zur Lagerstätte: ca. 2800 m
- Fördermenge pro Tag: 20000 t Erdöl

3: *Bohrplattform Statfjord A*

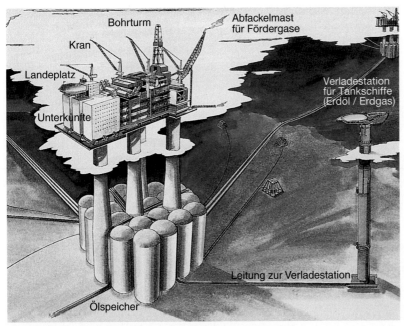

4: *Aufbau der Plattform*

Erdöl und Erdgas sind vor Jahrmillionen aus kleinsten Meereslebewesen, dem Plankton, entstanden. Riesige Mengen abgestorbenen Planktons lagerten sich am Meeresboden ab, wo sie durch Sand-, Ton- und Kalkschichten luftdicht überdeckt wurden, sodass sie nicht verwesen konnten. Hoher Druck der auflagernden Schichten und die zunehmende Erwärmung verwandelten das tote Plankton in Erdöl und Erdgas.

5: *Die Entstehung von Erdöl und Erdgas*

Energiequellen	Milliarden Tonnen SKE*
Erdöl	4,2
Kohle	3,6
Erdgas	3,2
Kernkraft	0,8
Wasserkraft, Sonne, Wind und andere	0,4
	* Steinkohleneinheiten

1: Einsatz von Energiequellen für den Weltenergieverbrauch 2000

2: Haus mit Solarzellen

Aufgaben

1. Schreibe auf, wobei du im Verlauf eines Tages Strom verbrauchst.

2. Berichte über die Nutzung der verschiedenen Energiequellen (Abb. 4).

3. Welche Vorteile haben Sonne, Wind und Wasserkraft gegenüber Kohle, Erdöl, Erdgas und Uran als Energiequellen?

4. Welchen Anteil haben die Energiequellen Sonne, Wind, Wasserkraft und andere sich ständig erneuernde Energien am Weltenergieverbrauch (Abb. 1)?

Energie „sprudelt" aus verschiedenen Quellen

Kohle, Erdöl, Erdgas und Uran sind die wichtigsten Energierohstoffe. Es sind nicht erneuerbare **Energiequellen**. Wie lange ihre Vorräte ausreichen, ist ungewiss. Falls keine neuen Lagerstätten entdeckt werden, ist es nur eine Frage der Zeit, wann diese Energiequellen erschöpft sind. Hinzu kommt, dass die Erzeugung von Strom aus Uran (Atomstrom) gefährlich sein kann. Die deutsche Regierung hat deshalb beschlossen, ein **Kernkraftwerk** nach dem anderen stillzulegen. Stattdessen sollen die sich ständig erneuernden Energiequellen stärker genutzt werden. 1998 gab es in Deutschland 19 Kernkraftwerke; 2020 soll hier kein Atomstrom mehr erzeugt werden.

3: Windkraftanlage

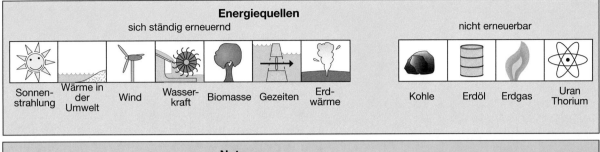

Energiequellen

sich ständig erneuernd   nicht erneuerbar

Sonnen- Wärme in   Wind   Wasser- Biomasse Gezeiten Erd-   Kohle   Erdöl   Erdgas   Uran
strahlung der   kraft   wärme   Thorium
           Umwelt

Nutzung

Licht   Elektronik   Elektro-   Kälte   Wärme   Bewegung
                      chemie   (mechanische
                                                 Energie)

8286E

4: Energiequellen und ihre Nutzung

Sich erneuernde Energiequellen

Um die Energieversorgung in Zukunft sicherzustellen müssen die sich erneuernden Energiequellen stärker genutzt werden. Der Wind ist eine solche Energiequelle. **Windkraftanlagen** werden vor allem an der Küste und in den Mittelgebirgen gebaut. Hier lohnt es sich, Windräder zu errichten. Der Wind treibt die Rotorblätter an und erzeugt dadurch Strom.

Auch bei der Nutzung der Sonnenenergie stehen wir noch am Anfang. Jahrhundertelang konnten wir die Sonnenstrahlung kaum nutzen. Nun sind wir in der Lage sie in Elektrizität und Wärme umzuwandeln. Uhren, Taschenrechner, Warmwasserheizungen, Notrufsäulen an Autobahnen und vieles mehr werden bereits mit **Solarzellen** betrieben.
Die Nutzung der Sonnenenergie ist noch sehr teuer. Strom, der mithilfe von Solarzellen erzeugt wird, kostet fünfzehnmal mehr als Strom, der aus Kohle gewonnen wird.

Wasserkraftwerke gibt es vor allem in Ländern mit Hochgebirgen wie in Österreich, der Schweiz oder Norwegen. Dort spielt die Stromgewinnung aus Wasserkraft eine viel größere Rolle als bei uns.
Heute wird in Deutschland erst jede zwanzigste Kilowattstunde elektrischen Stroms aus sich erneuernden Energiequellen gewonnen. Forscher arbeiten an der Weiterentwicklung der umweltfreundlichen Energieträger. Fachleute schätzen jedoch, dass ihr Anteil am Weltenergiebedarf nie größer als 25 Prozent sein wird.

5: Kernkraftwerk Tschernobyl in der Ukraine

Hier ereignete sich am 26.4.1986 ein Super-GAU (GAU = größter anzunehmender Unfall). Durch einen technischen Defekt und menschliches Versagen trat gefährliche radioaktive Strahlung aus dem Kernkraftwerk aus. Diese gelangte sogar bis nach Deutschland. Durch die radioaktive Strahlung wurden in der Region Tschernobyl Luft, Boden und Nahrungsmittel verseucht. Viele Menschen erlitten gesundheitliche Schäden, zum Beispiel Schilddrüsenkrebs. Auch heute sterben noch Menschen an den Folgen des Unglücks.

*1: Lage des Speicher-
kraftwerkes Kaprun*

Energiequelle Wasserkraft

Aus Wasser lässt sich in Wasserkraftwerken elektrischer Strom gewinnen. Allerdings ist dies gar nicht so einfach. In den Alpen fängt man dazu das Schmelzwasser von Gletschern und das Regenwasser in großen Stauseen auf. Das Wasser wird hinter Staumauern gespeichert. Sie sind oft über 100 Meter hoch.

Das Tauernkraftwerk bei Kaprun ist ein solches *Speicherkraftwerk*. Damit möglichst viel Wasser zur Stromgewinnung vorhanden ist, wird auch das Wasser von weit entfernt liegenden Bergen aufgefangen und zu den Stauseen geleitet. Von hier wird es in unterirdischen Stollen bis zu den großen Fallrohren geführt. In ihnen stürzt das Wasser auf die Turbinen des Kraftwerkes im Tal. Die Wucht ist gewaltig. Die Turbinen treiben einen Generator an, der den elektrischen Strom erzeugt. Er funktioniert so ähnlich wie ein Fahrraddynamo (siehe Seite 46). Im Speicherkraftwerk wird also der große Höhenunterschied zwischen dem Kraftwerk im Tal und dem Stausee in den Bergen zur Stromerzeugung genutzt.

Nachts, wenn in den Städten und Industriebetrieben nicht mehr so viel Strom gebraucht wird, pumpt man das in einem Becken gesammelte Wasser wieder nach oben. Auf diese Weise wird es mehrmals genutzt.

Es gibt neben den Speicherkraftwerken noch eine andere Art von Wasserkraftwerken: die *Laufkraftwerke*. Hier treibt das Flusswasser Turbinen an.

Aufgaben

1. Welche natürlichen Voraussetzungen werden beim Bau von Speicherkraftwerken in den Alpen ausgenutzt (Abb. 2)?

2. Erkläre die Arbeitsweise eines Speicherkraftwerkes (Text, Abb. 4).

3. Stromgewinnung aus Wasserkraft hat in den einzelnen Alpenländern eine unterschiedliche Bedeutung. Werte dazu Abb. 5 aus.

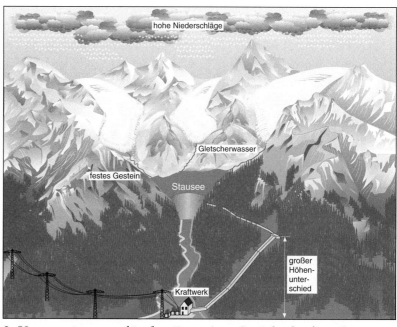

2: Voraussetzungen für den Bau eines Speicherkraftwerkes

3: *Panoramabild des Tauernkraftwerkes bei Kaprun*

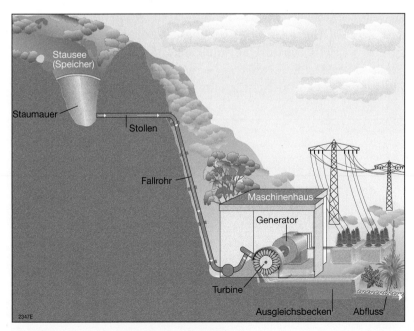

4: *Schema eines Speicherkraftwerkes*

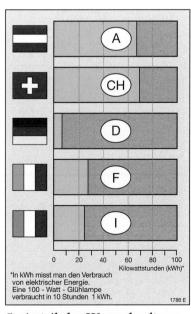

5: *Anteil der Wasserkraft am Stromverbrauch*

63

1: Schülerinterview mit dem Hausmeister

Checkliste (Auswahl)

- Windfänge an den Außentüren?
- Temperaturregler an den Heizkörpern?
- Heizungsregelung für jeden Raum?
- Wie wird gelüftet?
- Art der Verglasung der Fenster?
- Sind die Haustüren (im Winter) geschlossen?
- Art der Beleuchtung?
- Zeitschaltuhren für Licht?
- Haben Computer und Kopierer Stromspartasten?

2: Erkundung des Stromverbrauchs

Energiesparen in der Schule – ein Projekt

Gemeinsam könnt ihr untersuchen, welchen Energieverbrauch eure Schule hat.

Dazu solltet ihr zunächst eure Arbeit gemeinsam in der Klasse planen. Ihr gliedert das Thema in Unterthemen, beispielsweise „Heizung" oder „Beleuchtung". Anschließend teilt ihr verschiedene Arbeitsgruppen zur Bearbeitung der Unterthemen ein. Ihr solltet dann die Art der Ergebnisdarstellung festlegen. Zum Beispiel könnt ihr in der Schule eine Wandzeitung aufhängen oder ihr erarbeitet gemeinsam ein Heft.

In jeder Arbeitsgruppe stellt ihr einen Arbeitsplan (Abb. 3) auf. Nach der Informationsbeschaffung arbeitet ihr Vorschläge aus, wo und wie eure Schule Energie einsparen kann.

Stellt schließlich eure Gruppenergebnisse vor. Überlegt gemeinsam, wie die Vorschläge umgesetzt werden können.

was ?	wie ?	wo ?	wer ?	wann ?
Heizung: – Art der Heizung – Verbrauch – Heizkosten – Heizperiode – Raumtemperatur – Isolierung der Wände/Fenster – Lüftung	Erkundungs- und Fragebogen	Hausmeisterin oder Hausmeister Schulträger Schulleiterin oder Schulleiter	Namen der Gruppenmitglieder	Zeiteinteilung der Arbeit: – Planen – Erkunden/Befragen – Ergebnisdarstellung

3: Arbeitsplan der Gruppe „Heizung"

Das Wichtigste
kurz gefasst:

Grundbegriffe

Energierohstoff
Hochofen
Braunkohle
Steinkohle
Flöz
Tagebau
Außenkippe
Innenkippe
Rekultivierung
Bergwerk
Pipeline
Energiequelle
Kernkraftwerk
Windkraftanlage
Solarzelle
Wasserkraftwerk

Bodenschatz Kohle

Kohle ist aus dem Holz ehemaliger Sumpfwälder entstanden. Es bildete sich zunächst Torf, dann Braunkohle und schließlich Steinkohle. Ein großer Teil der Kohle wird zur Gewinnung von Strom verwendet. Kohle ist auch für die Eisen- und Stahlherstellung und die chemische Industrie wichtig.

Tagebaue im Rheinischen Braunkohlenrevier

Das Rheinische Braunkohlenrevier liegt westlich von Köln. Dort wird Braunkohle in Tagebauen gewonnen. Die Tagebaue haben riesige Ausmaße. Ganze Dörfer müssen dem Braunkohlenabbau weichen. Die Menschen werden umgesiedelt. Sind die Tagebaue ausgekohlt, wird die Landschaft rekultiviert.

Steinkohlenabbau im Ruhrgebiet

Im Ruhrgebiet wird Steinkohle in Bergwerken abgebaut. Die Bergwerke im Süden des Ruhrgebietes sind inzwischen stillgelegt. Kohlenabbau erfolgt nur noch im Norden und Westen des Reviers. Die Arbeitsplätze im Bergbau gehen zurück. Durch die Ansiedlung neuer Industrien entstehen neue Arbeitsplätze.

Erdöl und Erdgas aus der Nordsee

Erdöl und Erdgas werden aus Lagerstätten im Meeresboden der Nordsee gefördert. Von Bohrplattformen aus, die im Boden verankert sind, werden die Rohstoffe hochgepumpt und über Pipelines zum Festland transportiert.

Verschiedene Energiequellen

Kohle, Erdöl, Erdgas und Uran sind nicht erneuerbare Energiequellen. Ihre Vorräte sind in absehbarer Zeit erschöpft. Um die Energieversorgung der Zukunft zu sichern müssen die sich erneuernden Energiequellen stärker genutzt werden. Diese Energiequellen sind zum Beispiel Wind, Sonne und Wasser.

Strom aus Gletscherwasser

In Tälern der Alpen wurden Wasserkraftwerke zur Stromerzeugung gebaut. In Speicherkraftwerken treibt das aus einem Stausee in Rohren zu Tal stürzende Wasser die Turbinen im Kraftwerk an.

Wir prüfen unser Wissen

1. Eine Anlage zur Förderung von Steinkohle ist ein ... .

2. Elektrische Energie aus einem bestimmten Rohstoff gewinnt man im ... .

3. Den Abbau von Bodenschätzen von der Erdoberfläche aus nennt man ... .

4. Kraftwerke, die die Kraft des fließenden Wassers nutzen, heißen ... .

Rotterdam-Europoort

*1: Lage des Hafens
Rotterdam-Europoort*

Rotterdam-Europoort – Zentrum des Welthandels

Rotterdam-Europoort ist der größte Hafen der Welt. Mehr als 400 internationale Schifffahrtslinien laufen ihn regelmäßig an. Die Frachtschiffe sind mit **Massengütern** (Rohöl, Erze, Getreide, Düngemittel, Kohle) oder mit **Stückgütern**, die meist in Containern transportiert werden, beladen. Die Fracht wird hier entladen und zur weiteren Verarbeitung oder zum Verkauf in die Industriebetriebe Westeuropas gebracht. Schiffe aller Nationalitäten werden rund um die Uhr be- und entladen.

In den letzten Jahren entstanden neue Hafenanlagen und Industriebetriebe zur Verarbeitung der angelieferten Rohstoffe. Insbesondere haben sich Raffinerien angesiedelt, in denen aus Erdöl zum Beispiel Benzin oder Heizöl hergestellt wird.

Mit dem Ausbau des Hafens wurden gleichzeitig Autobahnen und Schienenwege gebaut und an das europäische Verkehrsnetz angeschlossen. Im Hinterland des Hafens liegen in einer Entfernung von weniger als 500 Kilometern die bedeutenden Industriegebiete Europas. Güter, die billiger auf dem Wasserweg transportiert werden können, werden daher von den Ozeanriesen auf Flussschiffe umgeladen. Über den Rhein gelangen sie dann zu den Binnenhäfen.

Güterumschlag (in Mio. t)	
1. Rotterdam	291
2. Singapur	206
3. Kobe	174
4. Chiba	164
5. Shanghai	140
6. Nagoya	137
7. Yokohama	122
8. Hongkong	105
9. Antwerpen	101
10. Kitakyushu	99

2: Die zehn größten Seehäfen der Erde

3: Rotterdam-Europoort: Ölhafen

4: Güterumschlag – auch in der Nacht

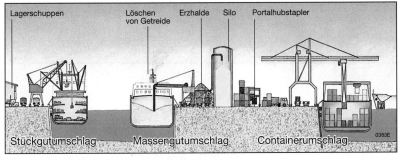

5: Verladen von Massen- und Stückgut

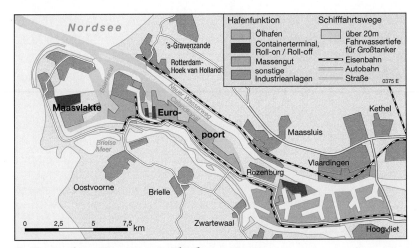

6: Rotterdam-Europoort: Flächennutzung

Aufgaben

1. Erläutere die günstige Lage des Hafens Rotterdam-Europoort (Abb. 1 und Atlas, Karte: Benelux-Staaten).

2. Nenne die Industrien, die sich im Europoort vorwiegend angesiedelt haben (Abb. 6).

3. Ein Container mit Motorrädern aus Japan wird im Europoort auf ein Flussschiff umgeladen. Zielort des Containers ist Frankfurt. Beantworte mit dem Atlas folgende Fragen:

a) Auf welchen Flüssen wird der Container transportiert?

b) Wie heißt die Stadt vor der deutsch-niederländischen Grenze in den Niederlanden?

c) Nenne fünf Großstädte, an denen das Containerschiff flussaufwärts vorbeifährt.

4. Auf welchen Kontinenten liegen die drei größten Häfen der Erde (Abb. 2)?

69

1: Die Spinning Jenny. Das Antriebsrad treibt mehrere Spindeln an.

Beginn der Industrialisierung: die Textilindustrie

Großbritannien war das erste Industrieland der Erde. Die Textilindustrie und die Verarbeitung von Eisen und Stahl bildeten die Grundlagen. Seit mehr als 600 Jahren werden an den Hängen der Pennines Schafe gehalten. Die Wolle der Tiere wurde jahrhundertelang in mühsamer Heimarbeit mit Spinnrädern zu Fäden verarbeitet. Aus den Fäden stellte man Stoffe und Kleidungsstücke her. Im Jahre 1764 machte James Hargreaves eine bahnbrechende Erfindung. Er baute eine Maschine, die ohne menschliche Arbeitskraft Wolle zu Fäden verspinnt: die Spinning Jenny. Sie ist die Wurzel der vor mehr als 200 Jahren beginnenden **Industrialisierung**. Die Erfindungen der Dampfmaschine und des mechanischen Webstuhls ermöglichten die Herstellung großer Mengen von Stoffen in kurzer Zeit. Nun war der Schritt von der Heimarbeit zur industriellen Fertigung vollzogen. Bald schon reichten die einheimischen Rohstoffe nicht mehr aus. Im 19. Jahrhundert wurden Baumwolle aus Ägypten und Amerika sowie Schafwolle aus Neuseeland, Australien und Südafrika eingeführt.

Die Entwicklung der Schwerindustrie

Neben der Textilindustrie machte die **Schwerindustrie** Großbritannien zum führenden Industrieland der Erde.
Durch die Erfindung des Hochofens und die Verwendung von Koks konnte man billig Eisenerz schmelzen und große Mengen von Eisen gewinnen. Am Rand der Pennines entstand Ende des 19. Jahrhunderts mit über 180 Hochöfen und 400 Steinkohlegruben das damals größte Industriegebiet der Welt. Wegen der Kohle und der trostlosen Umgebung nannte man es „Black Country".
Viele Arbeitskräfte wurden gebraucht. Auch Kinderarbeit war üblich. 1890 arbeiteten zehnjährige Kinder neun Stunden lang unter Tage. Das Elend war groß. Es war nichts Ungewöhnliches, dass ein Ehepaar mit fünf Kindern in einem einzigen Zimmer von zwölf Quadratmetern leben musste.

Schwerindustrie

Betriebe der Eisen- und Stahlherstellung sowie des Eisenerz- und Steinkohlebergbaus fasst man unter der Bezeichnung Schwerindustrie zusammen. Gebiete der Schwerindustrie sind gekennzeichnet durch Zechen, Hochöfen, Gießereien, Stahl- und Walzwerke, Kohlehalden, Erzhalden, Verkehrseinrichtungen und große Arbeitersiedlungen.

Das „Black Country"

Der Schriftsteller D. H. Lawrence schildert, wie eine junge Frau diese Landschaft im vorigen Jahrhundert erlebt hat:

Das struppige, verstreute Dorf zog sich in lähmender, hoffnungsloser Hässlichkeit über eine lange, schauerliche Meile hin: Häuser, ganze Reihen erbärmlicher kleiner, schmutziger Backsteinhäuser mit schwarzen Schieferdächern, spitzwinklig und düster. Mit einem flüchtigen Blick nahm sie die schreckliche, seelenlose Hässlichkeit des Kohle und Eisen produzierenden Mittelenglands hin. Sie hörte das Rasseln der Kohlensiebe an der Grube, das Ächzen der Förderwellen, das Scheppern rangierender Loren und das heisere, kleine Pfeifen der Stollenlokomotiven.

(Lady Chatterley. Reinbek 1960)

2: Textilindustrie bei Leeds

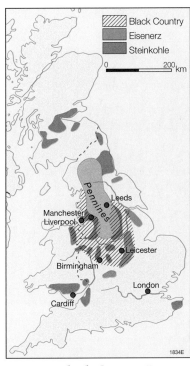

4: Das „Black Country"

3: Schwerindustrie bei Leicester

Aufgaben

1. Beschreibe die Entwicklung der Industrie in Großbritannien. Benutze die Begriffe: Heimarbeit, industrielle Fertigung, Textilindustrie, Schwerindustrie, Arbeitersiedlungen.

2. Was versteht man unter dem „Black Country"?

3. Lies den Text „Das Black Country".
a) Schreibe alle unbekannten Wörter heraus und schlage ihre Bedeutung nach (Lexikon).
b) Schreibe aus dem Text Wörter heraus, die das „Black Country" kennzeichnen, und erzähle mit eigenen Worten nach.

Industrie in Großbritannien

Aufgaben

1. Beschreibe den Strukturwandel der britischen Industrie am Beispiel der Textilindustrie und der chemischen Industrie (Text, Abb. 1).

2. Nenne Ursachen für den Niedergang der Schwerindustrie.

Das Land in der Krise

Noch immer exportiert Großbritannien Autos, Motoren, Lokomotiven, Flugzeuge, Schiffe und Textilien in alle Welt. Doch seine führende wirtschaftliche Stellung hat das Land verloren. Der Niedergang setzte zu Beginn des 20. Jahrhunderts ein. Deutschland, Frankreich und andere Länder entwickelten ihre Industrien und wurden zu Konkurrenten auf dem Weltmarkt.

Die Textilindustrie wurde vor allem durch die Konkurrenz aus Südostasien getroffen. Britische Maschinen waren veraltet, man brauchte zu viele Arbeitskräfte. Die Produktionskosten waren zu hoch. Textilien aus Südostasien konnten billiger angeboten werden. Dort arbeitete man mit modernen Maschinen und zahlte niedrige Löhne. Gegen diese „Billiglohnländer" waren die britischen Betriebe nicht konkurrenzfähig.

Die Schwerindustrie geriet ebenfalls in eine Krise. Auch hier waren viele Fabriken veraltet. Sie brauchten zu viele Rohstoffe, Energie und Arbeitskräfte für die Produktion, das heißt sie arbeiteten unrentabel. Viele Fabrikbesitzer hatten versäumt sich rechtzeitig umzustellen. Einige andere Länder wie Korea haben zudem niedrigere Lohnkosten und weniger strenge Umweltgesetze. Sie bieten Stahl besonders preiswert an. Von der Krise war vor allem das „Black Country". betroffen. Hier mussten Fabriken schließen. Viele Menschen wurden arbeitslos. Armut und Elend breiteten sich aus.

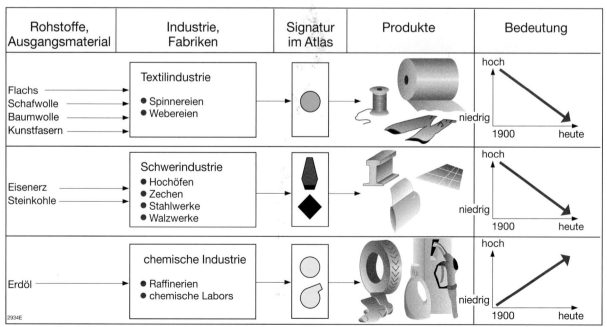

1: Schrumpfende und wachsende Industrien

72

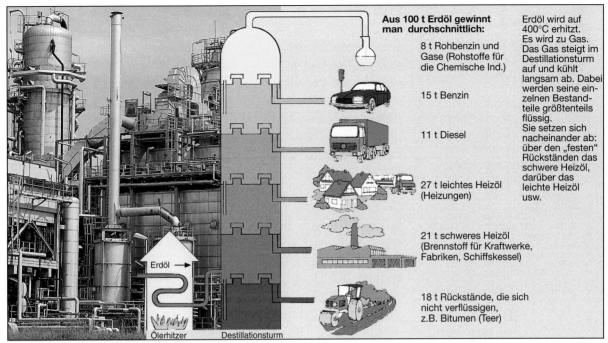

Aus 100 t Erdöl gewinnt man durchschnittlich:

8 t Rohbenzin und Gase (Rohstoffe für die Chemische Ind.)

15 t Benzin

11 t Diesel

27 t leichtes Heizöl (Heizungen)

21 t schweres Heizöl (Brennstoff für Kraftwerke, Fabriken, Schiffskessel)

18 t Rückstände, die sich nicht verflüssigen, z.B. Bitumen (Teer)

Erdöl wird auf 400°C erhitzt. Es wird zu Gas. Das Gas steigt im Destillationsturm auf und kühlt langsam ab. Dabei werden seine einzelnen Bestandteile größtenteils flüssig. Sie setzen sich nacheinander ab: über den „festen" Rückständen das schwere Heizöl, darüber das leichte Heizöl usw.

Erdöl →

Ölerhitzer   Destillationsturm

2: So funktioniert eine Erdölraffinerie

Erdöl, Erdgas und chemische Industrie – ein neuer Aufschwung

Der Aufschwung der Wirtschaft Großbritanniens begann Mitte der siebziger Jahre des vorigen Jahrhunderts. In der Nordsee hatte man Erdöl und Erdgas gefunden. 1975 begann die Erschließung der Erdöl- und Erdgasfelder mit zwei Förderanlagen. Heute fördern auf britischen „Feldern" in der Nordsee etwa 200 Anlagen. Die Funde sichern die Energieversorgung und leiteten einen **Strukturwandel** ein.

Früher war Schottland durch Kohleabbau, Stahlproduktion und Schiffbau geprägt. Heute finden mehr als 100 000 Menschen Arbeit in der Erdöl- und Erdgasförderung, in Raffinerien und der chemischen Industrie an der Ostküste. Ein Beispiel dafür ist das Pharmaunternehmen GlaxoSmithKline, das seinen Standort bei Aberdeen hat. In den Produktionsanlagen werden von über 700 Mitarbeiterinnen und Mitarbeitern Arzneimittel hergestellt.

Ein Zentrum der chemischen Industrie ist Grangemouth, nordwestlich von Edinburgh. Pipelines und der Erdölhafen Mosmorran verbinden Grangemouth mit den „Feldern" in der Nordsee. Raffinerietürme und chemische Fabrikanlagen bestimmen das Ortsbild. Hier werden unter anderem Farben, Lacke, Kunststoffe, Insektenschutzmittel, Düngemittel, Seifen, Duftstoffe für Parfüms und Reinigungsmittel hergestellt.

Aufgaben

3. Nenne drei Städte in Großbritannien, in denen die Industrien „Chemie, Kunststoffe" vorhanden sind (Atlas, Karte: Europa – Bergbau / Industrie / Energie).

4. a) Welche Bedeutung haben die Erdöl- und Erdgasfunde in der Nordsee für Großbritannien (Text)?
b) Welche Bestandteile des Erdöls sind für die chemische Industrie von besonderer Bedeutung (Abb. 2)?

5. Erstelle eine Bilder-Collage von Produkten, die in chemischen Betrieben hergestellt wurden (z.B. aus Versandhauskatalogen).

6. Beschreibe den Strukturwandel in Schottland.

73

Das Oberschlesische Industrierevier

Das GOP

(polnisch: Górnośląski Okręg Przemyslowy, übersetzt: Oberschlesisches Industrierevier)

65 Steinkohlenzechen
 6 Kokereien
26 Metallurgie-Betriebe
davon:
16 Eisenhütten und Stahlwerke
10 Buntmetallhütten u.a.
 4 Zementwerke
10 Glashütten
13 größere Steinkohlenkraftwerke

| | Fördermengen in Mio. t | |
	1989	1997
Oberschlesisches Industrierevier/ Polen	177,6	137,1
Mittelengland	79,4	37,7
Ruhrgebiet	61,2	37,2

1: Das GOP im Vergleich zu anderen Steinkohlengebieten Europas

Das GOP in Polen

Das Oberschlesische Industrierevier (polnisch: GOP) zählt zu den großen europäischen Industriegebieten. Seine Entwicklung begann auf der Grundlage der Steinkohle bereits am Ende des 18. Jahrhunderts. Damals begann man damit, Kohle bei der Eisenverhüttung einzusetzen. Bis heute hat die Steinkohlenförderung ihre Bedeutung für dieses Gebiet behalten. Polen ist nach Russland zweitgrößtes Förderland von Steinkohle in Europa.

Seit den neunziger Jahren hat die polnische Industrie große Probleme. Viele Betriebe, die ihre Erzeugnisse bisher mit hohem Energie- und Materialaufwand herstellten, sind nicht mehr konkurrenzfähig in Europa. Sie können deshalb ihre Erzeugnisse nicht mehr absetzen und müssen ihren Betrieb einstellen. Als Folge sank die polnische Industrieproduktion. Auch die Steinkohlenförderung ist betroffen. Wegen der veralteten Technik müssen immer mehr Bergwerke geschlossen werden – die Förderkosten sind zu hoch. Das bedeutet aber, dass viele Arbeitskräfte in Industrie und Bergbau entlassen werden.

Um die Wirtschaft anzukurbeln wurde bereits ein Großteil der ehemaligen Staatsbetriebe an ausländische Firmen verkauft. Auch sollen – wie vor Jahren im Ruhrgebiet – neue Industriezweige angesiedelt werden. Auf diesem Weg ist Polen sehr erfolgreich und verzeichnet von allen Ländern in Osteuropa das höchste Wirtschaftswachstum.

2: Landwirtschaft im Umland der Hüttenwerke von Kattowitz

74

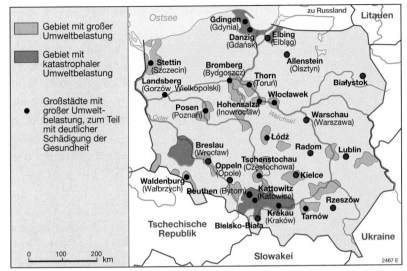

Legende:
- Gebiet mit großer Umweltbelastung
- Gebiet mit katastrophaler Umweltbelastung
- Großstädte mit großer Umweltbelastung, zum Teil mit deutlicher Schädigung der Gesundheit

3: Umweltbelastung in Polen (Das GOP ist das Gebiet um die Städte Beuthen, Kattowitz und Krakau)

Aufgaben

1. Beschreibe Lage und Ausdehnung des Oberschlesischen Industriereviers (GOP) (Abb. 3). Nenne wichtige Städte.

2. a) Begründe, warum das GOP ein wichtiges Industriegebiet wurde.
b) Welche Gemeinsamkeit hat es mit dem Ruhrgebiet (Seiten 54–56)?

3. Welche Probleme hat heute das GOP?

Umwelt in Not

Das Oberschlesische Industrierevier hält aber auch unerfreuliche Rekorde. Nach dem Zweiten Weltkrieg wurde die Industrialisierung verstärkt, ohne dass dem Umweltschutz die nötige Aufmerksamkeit geschenkt wurde. 1986 wurde das Revier vom polnischen Staat zum ökologischen Katastrophengebiet erklärt. Veraltete Industriebetriebe verschmutzten die Umwelt. Vor allem Steinkohlen- und Zinkgruben, Eisenhütten- und Stahlwerke, Kraftwerke und chemische Betriebe trugen dazu bei, dass die Luft von Staub und Abgasen verpestet wurde und noch wird.

Auch wenn später modernere, die Umwelt weniger belastende Werke errichtet wurden, wie der Metall herstellende Betrieb „Huta Katowice" in Kattowitz, der 1976 die Produktion aufnahm, änderte sich kaum etwas an dieser Situation. Besonders Erkrankungen der Atemwege traten hier viel häufiger auf als in anderen Landesteilen Polens.

Auch die Wasserverschmutzung ist erschreckend. Das Wasser der meisten Flüsse (Nebenflüssen von Oder, Weichsel und Warthe) kann nicht einmal mehr für industrielle Zwecke verwendet werden.

An vielen Stellen kommt es zu Straßen- und Gebäudeschäden durch Bodenabsenkungen, weil ausgekohlte Stollen nicht ordnungsgemäß verfüllt wurden. So genannte Bergschäden machten in den vergangenen 40 Jahren fast 40 000 Wohnungen unbewohnbar.

4: Gefährdung des Grundwassers

75

1: Lage Italiens in Europa

Name des Unternehmens (Branche)	Sitz	Umsatz 2000 (Mrd. Euro)
IFI *(Auto/Finanz)*	Turin	63,3
Fiat *(Auto)*	Turin	57,6
Generali *(Versicherung)*	Triest	54,1
Olivetti *(Telekommunikation)*	Ivrea	30,1
Telecom Itali *(Telekommunikation)*	Turin	28,9
Montedison *(Elektro/Misch)*	Mailand	14,2
Intesa Bci *(Bank)*	Mailand	12,0
San Paolo Imi *(Bank)*	Turin	11,7

2: Die größten Industrieunternehmen Norditaliens

Warum Umberto Pantuso nach Norditalien umzog

Umberto Pantuso lebt seit 15 Jahren in Turin in Piemont. Seine Heimatstadt ist Benevento in Kampanien. Er berichtet: *„In Süditalien sind die Sommer sehr heiß. Sechs Monate lang herrscht Trockenheit. Die Felder verdorren, weil wir kein Wasser zum Bewässern haben. Viele von uns sind Bauern. Industrie gibt es kaum und zahlreiche Menschen sind arbeitslos. Ich war 20 Jahre alt, als ich das Angebot erhielt bei Fiat in Turin zu arbeiten. Hier verdiene ich gut und habe einen sicheren Arbeitsplatz."*

Im Städteviereck Turin – Mailand – Bologna – Genua haben fast alle führenden italienischen Industriebetriebe ihre Produktionsstätten. Für die Standortwahl gibt es mehrere Gründe, zum Beispiel die gut ausgebauten Verkehrswege in der Poebene und die zahlreichen Handwerksbetriebe. Diese arbeiten mitunter als **Zulieferbetriebe** für die großen Firmen. Die meisten Zulieferbetriebe des Automobilherstellers Fiat sind in zum Teil sehr kleinen Orten in der Umgebung von Turin ansässig. So kommen die Armaturenbretter und Kunststoffteile von der Firma Ergom aus Borgaro Torinese, die Gummiteppiche von San Varleriano aus Virle, die Außenbeleuchtungen von Olsa aus Rivoli, die Sicherheitsgurte und Airbags von TRW aus Nichelino und die Sitze von Lear aus Grugliasco. Dagegen werden die Rohstoffe für die Produktion aus aller Welt eingeführt (Abb. 5).

Für den Standort Norditalien spricht auch die Nähe zu den Käufern. Zwei Drittel der Italiener wohnen in Norditalien und auch die Käufer in Mitteleuropa werden durch kurze Transportwege erreicht.

3: Straße in Benevento

4: Herr Pantuso bei der Automontage

Benzin und Motoröl:
Erdöl aus Großbritannien (Nordsee), Nigeria, Libyen und dem Nahen Osten (Golfstaaten)

Karosserie:
Eisenerze aus Australien, Brasilien, Liberia, Kanada, Schweden

Motor, Felgen, Getriebe:
Aluminiumerze (Bauxit) aus Australien, Guinea, Sierra Leone, Guyana, China

Elektrische Leitungen:
Kupfererz aus Australien, Papua-Neuguinea, Chile, Mexiko

Reifen:
Naturkautschuk aus Malaysia, Indonesien

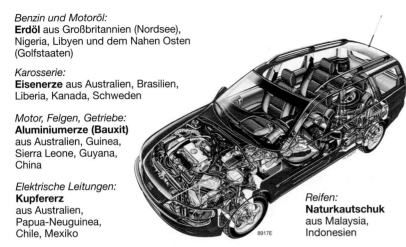

5: Rohstoffe zur Herstellung eines Autos in Turin

Von 100 Erwerbstätigen arbeiten		
	in der Landwirtschaft:	in der Industrie:
Piemont:	6	41
Kampanien:	11	24

6: Erwerbstätige in Piemont und Kampanien

Aufgaben

1. Beschreibe die Arbeitslosigkeit in Nord- und Süditalien (Abb. 7).

2. Erkläre die Bevölkerungsabwanderung in Süditalien (Abb. 8).

3. Vergleiche die Erwerbstätigkeit in Piemont und Kampanien (Abb. 6).

4. Nenne Vorzüge des Standorts „Norditalien" für die Industrie.

5. Neue Autos werden per Bahn von Turin nach Heilbronn transportiert. Beschreibe den Transportweg (Atlas).

6. Zeichne auf einfache Weise einen Fiat oder schneide ein Foto aus einer Zeitschrift aus. Kennzeichne und beschrifte die Produkte aus Zulieferbetrieben, die im Text genannt sind.

7. Wähle in Abb. 5 für jeden Rohstoff ein anderes Land aus und nenne den Kontinent, auf dem es liegt.

7: Arbeitslosigkeit in Italien

8: Abwanderung in Italien

77

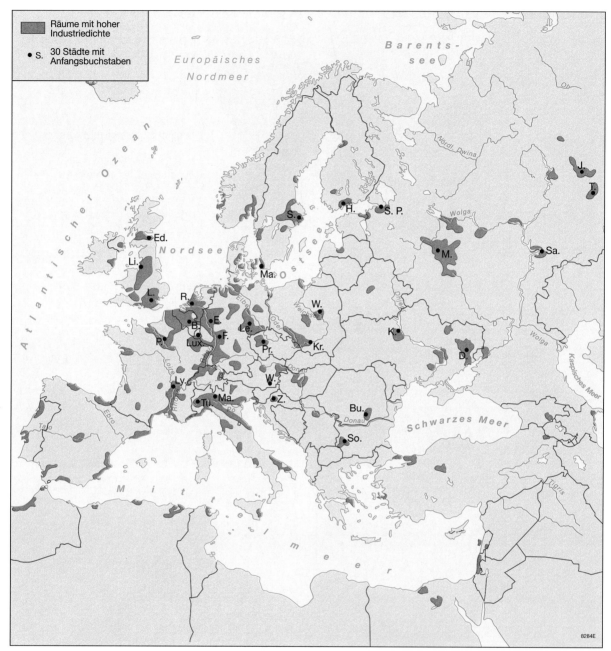

1: Industriegebiete in Europa

Aufgaben

1. a) Ermittle die 30 Städtenamen in den Industriegebieten aus Abb. 1 und ordne den Städten die Staaten zu, in denen sie liegen.

b) Welche Städte sind Hauptstädte?

2. Löse das Rätsel in Abb. 2.

2: Industriestädte

Das Wichtigste kurz gefasst:

Der Hafen Rotterdam-Europoort

Westlich der Stadt Rotterdam erstrecken sich die Hafenanlagen und Industrien des Europoort. Er ist der größte Hafen Europas und ein Zentrum der Erdölverarbeitung sowie ein wichtiges Verteilerzentrum für Waren aus Übersee nach Westeuropa und umgekehrt.

Industrie in Großbritannien

Neben der Textilindustrie machte vor allem die Schwerindustrie Großbritannien zum führenden Industrieland der Erde. Am südlichen Rand der Pennines entstand Ende des 19. Jahrhunderts das Industriegebiet Black Country. Anfang des 20. Jahrhunderts begann der wirtschaftliche Niedergang der Textil- und Schwerindustrie. Fabriken wurden geschlossen und viele Menschen wurden arbeitslos. Seit 1984 gibt die britische Regierung Zuschüsse um alte Fabriken zu modernisieren und neue Industrien anzusiedeln. Ein Strukturwandel macht sich bemerkbar. Durch Erdöl- und Erdgasfunde in der Nordsee entwickelte sich die chemische Industrie. An der schottischen Ostküste wurden Tausende neuer Arbeitsplätze geschaffen.

Das Oberschlesische Industrierevier

Im Oberschlesischen Industrierevier, polnisch GOP abgekürzt, wird Steinkohle gefördert. Die Entwicklung des Industriegebietes begann bereits am Ende des 18. Jahrhunderts. Heute gibt es in diesem Gebiet große Probleme. Wegen veralteter Technik und hoher Förderkosten müssen Bergwerke geschlossen werden. Auch sind viele Industriebetriebe nicht mehr konkurrenzfähig in Europa. Wegen der hohen Luft- und Wasserbelastung wurde das Industriegebiet zum ökologischen Katastrophengebiet erklärt. Um die Wirtschaft im GOP anzukurbeln wurden auch ehemalige Staatsbetriebe an ausländische Firmen verkauft.

Grundbegriffe

Massengut
Stückgut
Industrialisierung
Schwerindustrie
Strukturwandel
Zulieferbetrieb

Italiens starker Norden

Im Norden Italiens haben fast alle führenden italienischen Industriebetriebe ihre Produktionsstätten. Handwerksbetriebe arbeiten als Zulieferer für große Firmen. Die Käufer in Norditalien und Mitteleuropa werden durch gut ausgebaute und kurze Transportwege erreicht. Dem starken Norden steht ein schwacher Süden gegenüber, gekennzeichnet hohe Arbeitslosigkeit und durch Abwanderung.

Wir prüfen unser Wissen

1. Wie heißen die beiden größten Häfen der Erde?

2. Maschine mit einem Mädchennamen, die Ende des 18. Jahrhunderts in England die Industrialisierung auslöste.

3. In welchem Teil Polens liegt das GOP?

4. Kennst du die Namen von 3 Städten in Norditalien, in denen es große Industrieunternehmen gibt?

① – ③ Gebirge
1 – 5 Inseln
a – e Meere, Binnenmeere

In diesem Land sprudeln heiße Quellen.

In dieser Hauptstadt schlägt Big Ben.

Diese Meeresstraße trennt Europa von Afrika.

Auf dieser Urlaubsinsel liege ich gern in der Sonne.

In dieser Landschaft gibt es Rentiere.

In dieser Hauptstadt steht der Kreml.

In Budapest bin ich D _ _ _ _ dampfschifffahrtsgesellschaftskapitän.

Hier kann ich 4000m hohe Berge bezwingen.

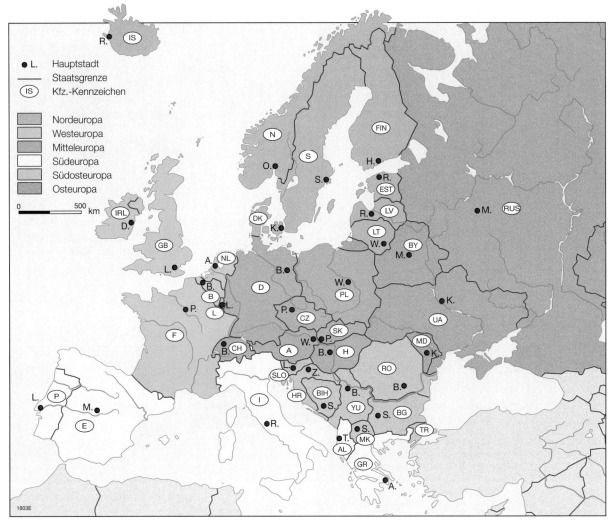

1: Die Staaten Europas und ihre Zugehörigkeit zu den europäischen Großregionen

Unser Kontinent Europa

Die Staatenkarte Europas zeigt ein buntes Bild. Mehr als 40 Länder liegen auf dem Kontinent. Sie weisen bedeutende Unterschiede in ihrer Flächengröße auf. Fast die Hälfte Europas nimmt der europäische Teil Russlands ein. Es gibt aber auch „Zwergstaaten" wie Monaco, Andorra oder Liechtenstein. Der flächenkleinste Staat ist mit nur einem halben Quadratkilometer die Vatikanstadt in Rom. Die Staaten Europas lassen sich je nach ihrer Himmelsrichtung im Kontinent zu Großräumen zusammenfassen (Abb. 1).

Der Name Europa kommt vermutlich von dem asiatischen wort „ereb" („dunkel"). Von Asien aus liegt Europa im Westen. Dort geht die Sonne abends unter. Es ist das **Abendland**.

Von Europa aus gesehen liegt Asien im Osten und ist daher der Kontinent der „aufgehenden Sonne", das „Morgenland".

Kontinente im Vergleich

Kontinent	Fläche	Bevölkerung
	Mio. km^2	Mio. (1999)
Europa	10	750
Asien	44	3600
Afrika	30	810
Nordamerika	24	300
Südamerika	18	500
Australien	8	30
Antarktis	14	–

Eine Wandkarte anfertigen

Europa als Wandschmuck –
Ein Projekt, erklärt von Markus aus der 6a

„Wir kamen auf die Idee selbst eine Wandkarte ‚Europa' zu basteln: eine Riesenkarte aus verschiedenfarbigem Tonpapier. **Nord-, West-, Süd-, Südost-, Ost-** und **Mitteleuropa** sollten jeweils eine eigene Kennfarbe erhalten. So mussten wir zunächst die sechs Europateile einzeln aufzeichnen. Unsere Lehrerin zeigte uns dazu einen einfachen Trick mit dem Tageslichtprojektor.

Wir klebten zunächst blaues Tonpapier auf die Tafel. Dann legten wir eine Folie mit den Staaten Europas auf das Gerät. Mit dem drehbaren Spiegel am Projektor bildeten wir zuerst den nördlichen Teil Europas auf dem Tonpapier ab. Beim Zeichnen achteten wir darauf, welche Staaten zu Nordeuropa gehörten, damit dieser Teil die richtige Umgrenzung erhielt. Außerdem zeichneten wir alle dazugehörigen Staatsgrenzen und Hauptstädte nach. (Das Foto unten zeigt Nicole. Sie zeichnet gerade einen Teil Südeuropas auf gelbes Tonpapier.) Nach dem Aufzeichnen schnitten wir dann die Einzelteile exakt aus und klebten sie auf einen weißen Bogen Pappe. Aber unser Projekt ging weiter."

Aufgaben

1. Internationaler Autoreiseverkehr: Aus welchen Staaten Europas kommen diese Fahrzeuge:

Ⓐ, ⓃⓁ, Ⓘ, Ⓔ,
ⒷⒼ, ⓅⓁ, ⒸⒽ, ⒼⒷ

(Abb. 1; Atlas, Karte: Europa – Staaten)?

2. Nord-, Ost-, Südost-, Süd-, West- und Mitteleuropa – welche Staaten gehören zu diesen Großräumen? Erstelle dazu eine Übersichtstabelle (Abb. 1; Atlas, Karte: Europa – Staaten).

3. Urlaub im Hochgebirge, Badeurlaub, Städtereise, Inselkreuzfahrt, Dampferfahrt auf dem Fluss. Nenne zu diesen Urlaubsformen je zwei Beispielräume aus Europa (Atlas, Karte: Europa – Physische Übersicht).

Materialliste:

- Folie: Karte „Europa – politisch" (Staatenkarte)
- Tonpapier für die Teile Europas in sechs Farben (Abb. 1); Hinweis: Je nach Größe braucht man mehrere Bögen.
- dicke Faserschreiber zum Nachzeichnen und Beschriften
- rote Klebepunkte
- dicke, schwarze Wollfäden
- Ansichtskarten und Reiseprospekte aus Europa

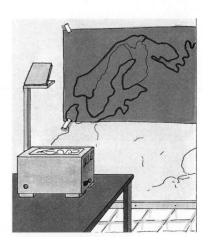

2: Der Trick mit dem Tageslichtprojektor: So funktioniert es!

Gruppe A: Süd-Express

Bearbeite folgende Aufgaben mit den Atlaskarten „Mitteleuropa und Südwesteuropa – physisch".

1. Fahre die eingezeichnete Eisenbahnstrecke nach Lissabon im Atlas nach und schreibe die Namen der gekennzeichneten Zwischenstationen auf.
2. Bestimme die Reiseländer, durch die die Strecke führt und deren Hauptstädte.
3. Welche Flüsse, welche Gebirge werden bei dieser Bahnreise überquert?
4. An welchem Meer liegt Portugal?

Gruppe B: Nord-Express

Bearbeite folgende Aufgaben mit den Atlaskarten „Mitteleuropa und Nordeuropa – physisch":

1. Bestimme die Zwischenstationen sowie die Länder, durch die der Zug fährt, und deren Hauptstädte.
2. Zwischen welchen Ländern „fährt die Eisenbahn mit dem Schiff"?
3. Von welchen Meeren ist Nordeuropa umgeben?

Gruppe C: Istanbul-Express

Bearbeite folgende Aufgaben mit den Atlaskarten „Mitteleuropa und Südosteuropa/Türkei – physisch".

1. Bestimme die Zwischenstationen sowie die Länder, durch die der Zug fährt, und deren Hauptstädte.
2. Der Istanbul-Express überquert viele Flüsse und durchquert Gebirge. Bestimme fünf dieser Flüsse und Gebirge.
3. a) Zwischen welchen beiden Meeren liegt die Stadt Istanbul?
b) Auf welchen beiden Erdteilen liegt die Millionenstadt?

Unternehmen Eurobahn – Markus berichtet:

„Bald schon hing unsere riesige Europakarte an der Klassenwand. Doch dann ging es erst richtig los. ‚Eurobahn – Reisezüge in Europa', so hieß das Thema, mit dem wir in den folgenden Erdkundestunden unsere Karte gestalteten und ausschmückten. Und das lief so ab:

Unsere Lehrerin hatte uns zu drei europäischen Reisezügen den Streckenverlauf vorbereitet. Von Köln als Ausgangspunkt sollten die Züge in verschiedene Himmelsrichtungen abfahren. Zielbahnhöfe waren die Städte Lissabon, Istanbul und Helsinki.

Dann teilten wir uns in verschiedene Arbeitsgruppen auf. Jede Gruppe durfte sich einen Reisezug aussuchen und die dazugehörige Fahrtstrecke bearbeiten.

Zunächst verglichen wir die Strecke auf der Arbeitskarte mit den Eisenbahnlinien im Atlas. Danach übertrugen wir die Fahrtstrecken in unsere Europa-Wandkarte. Wir markierten die drei Bahnlinien mit einem dicken, schwarzen Wollfaden. Die Zielbahnhöfe und Zwischenstationen kennzeichneten wir mit roten Klebepunkten. Danach beschrifteten wir die europäischen Staaten und ihre Hauptstädte. Zum Schluss schmückten wir unsere Wandkarte mit Ansichtskarten und Bildern aus Prospekten."

1: Beim Beschriften der Karte

Reisezüge in Europa

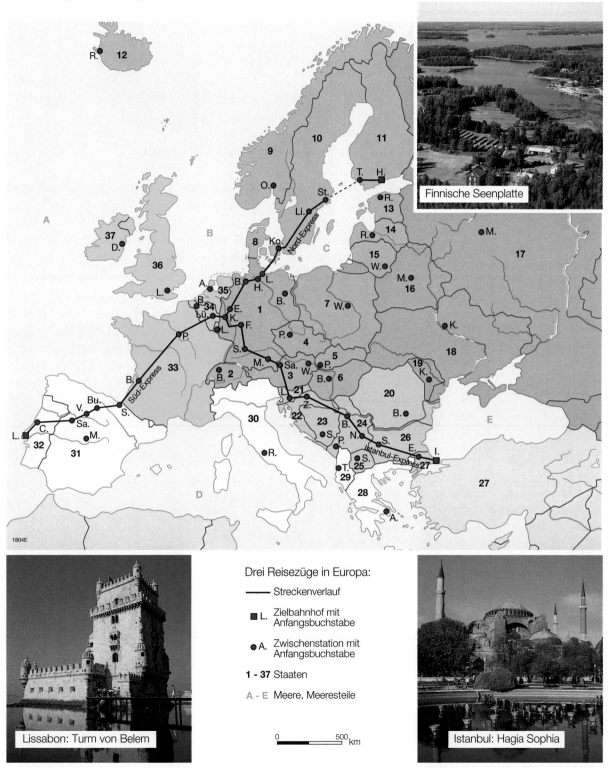

Finnische Seenplatte

Lissabon: Turm von Belem

Istanbul: Hagia Sophia

Drei Reisezüge in Europa:

—— Streckenverlauf

■ L. Zielbahnhof mit Anfangsbuchstabe

● A. Zwischenstation mit Anfangsbuchstabe

1 - 37 Staaten

A - E Meere, Meeresteile

0 _____ 500 km

2: Streckenverlauf der drei Europa-Expresszüge

85

Alpenraum
Staaten: _____
_____
_____
_____

Britische Inseln
Staaten: _____
_____
_____
_____

Skandinavien
Staaten: *Norwegen,*
Schweden, Finnland,
Halbinsel Kola
(gehört zu Russland)

4867E

1: Steckbriefe zu Europa

Echt schwierig! Kein anderer Erdteil hat so einen unregelmäßigen Umriss!

Europas Begrenzung und Gliederung

Der Kontinent Europa liegt auf der nördlichen Halbkugel. Will man seine Begrenzungen angeben, fällt das besonders im Osten schwer. Warum?

Im Westen, Norden und Süden begrenzen der Atlantische Ozean, das Nordpolarmeer und das Mittelmeer den Erdteil. Im Osten geht Europa direkt in den Kontinent Asien über. Als Grenze zwischen beiden Erdteilen gilt traditionell die Linie: Uralgebirge, Uralfluss, Nordufer des Kaspischen Meeres, Manytschniederung, Schwarzes Meer, Ägäisches Meer.

Die Europa begrenzenden Meere reichen weit in das Festland hinein. Deshalb weist der Kontinent eine starke Gliederung in viele Inseln und Halbinseln auf. Diese nehmen mehr als ein Drittel des Kontinents ein.

Aufgaben

1. Ordne den in Abb. 2 eingezeichneten Großräumen und Landschaften Europas den richtigen Namen zu. Hier die Namensliste: Alpenraum, Mittelmeerraum, Skandinavien, mittel- und osteuropäisches Tiefland, Britische Inseln, Karpatenraum, europäische Mittelgebirge (Atlas, Karte: Europa – physische Übersicht).

2. Erstelle zu folgenden Teilräumen Europas kleine Steckbriefe: Skandinavien, Karpatenraum, Britische Inseln, Alpenraum, Mittelmeerraum. Gestalte diese nach den Mustern in Abb. 1 (Atlas, Karte: Europa – physische Übersicht).

3. Nenne fünf europäische Gebirge und ordne ihnen Staaten zu (Atlas, Karte: Europa – physische Übersicht/Staaten)?

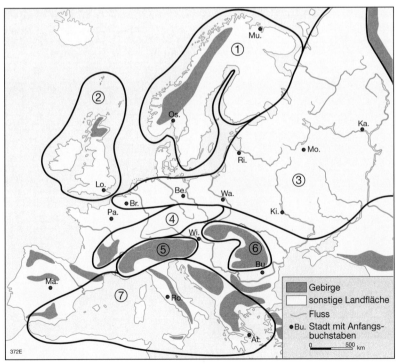

2: Großräume und Landschaftsformen in Europa

3: Auto mit Euro-Kennzeichen

4: Euro-Nummernschild

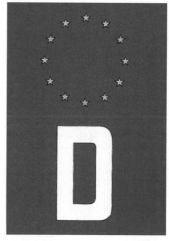

Deutschland – Mitglied der Europäischen Union

Schau mal genau hin. Abb. 3 zeigt das Auto von Frau Kurz, einer jungen Lehrerin aus Zell an der Mosel. Seit Januar 1998 hat Frau Kurz das Euro-Kennzeichen an ihrem Wagen. Ihr gefällt es. Aber das ist nicht der einzige Grund, warum sie das alte gegen das neue Nummernschild getauscht hat. Oft fährt die junge Frau von der Mittelmosel nach Luxemburg oder Belgien zum Einkaufen. Das geht schnell und problemlos, denn die Grenzen zu diesen Nachbarstaaten sind völlig offen. Wie Deutschland sind auch Belgien und Luxemburg Mitglieder der **Europäischen Union**.

Zwölf gelbe Sterne auf einem blauen Feld sind das Kennzeichen der Europäischen Union. Der Buchstabe „D" bedeutet Deutschland und sagt uns, dass das Fahrzeug in Deutschland zugelassen ist. Unser Land ist Mitglied in dieser europäischen Staatengemeinschaft.
Insgesamt gehören 25 Staaten zur Europäischen Union.

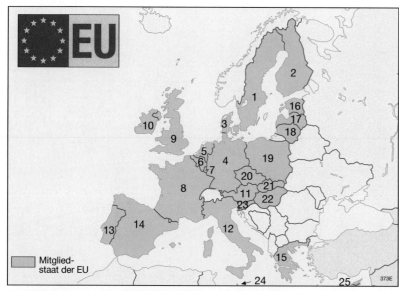

5: Die Staaten der Europäischen Union (EU)

Aufgaben

4. Bestimme in der Karte (Abb. 5) die Mitgliedstaaten der Europäischen Union (Atlas, Karte: Europa – Staaten).

5. Welche Nachbarstaaten Deutschlands gehören auch zur Europäischen Union (Atlas, Karte: Europa – Staaten)?

6. Was bedeutet der Buchstabe **D** auf dem Nummernschild (Abb. 4)?

87

**Euronetz –
Ein Partnerspiel zu den Hauptstädten und Ländern Europas**

Hilfsmittel: Atlas

Spielanleitung:

Der eine Spieler zählt leise vor sich hin, der andere sagt: „Stopp!" „17!", sagt der Spieler, der gezählt hat. Diesmal muss die Euronetz-Masche Nummer 17 entschlüsselt werden. Beide Spieler suchen diese Zahl im Spielnetz. Die 17 liegt in der Masche B-K-A. Nun heißt es für die Spielpartner, flott im Atlas die Hauptstädte zu finden und damit die Masche zu entziffern.

Aufgaben

1. Welche Hauptstädte und Länder liegen an den vier Eckpunkten des Euronetzes (Atlas, Karte: Europa – Staaten)?

2. Wo bilden die Hauptstädte der Staaten Europas ein besonders engmaschiges Netz? Nenne die Hauptstädte und Länder (Atlas, Karte: Europa – Staaten).

3. Miss die Entfernungen zwischen folgenden Hauptstädten:
Stockholm–Rom, Reykjavik–Athen, Lissabon–Moskau
(Atlas, Karte: Europa – Staaten).

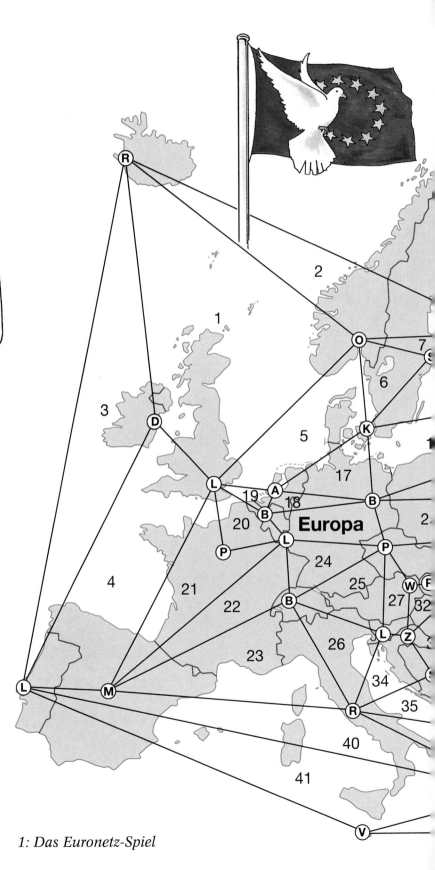

1: Das Euronetz-Spiel

Euronetz – Verbundenheit der Staaten Europas

Das Euronetz verknüpft die Hauptstädte der europäischen Staaten. Es zeigt uns, wie engmaschig die Völker Europas miteinander verbunden sind. Das Netzwerk soll deshalb auch die gemeinsame Verantwortung aller Europäer für die Erhaltung des Friedens verdeutlichen. Der Friede in Europa kann nur verwirklicht werden, wenn Jung und Alt auch ein vereintes und vernetztes Europa wollen. Das Kennenlernen der Menschen, der vielen Völker, Landschaften und Städte ist ein Weg zu diesem Ziel. Noch nie zuvor war es, dank unserer schnellen Verkehrsmittel, so bequem und einfach, Europa kennen zu lernen. Netzwerk Europa, das heißt auch Reisen, z.B. in die lebendigen Metropolen und Hauptstädte der europäischen Staaten.

Die Hauptstädte Europas in alphabetischer Reihenfolge

Amsterdam – NIEDERLANDE
Andorra – ANDORRA
Ankara – TÜRKEI (liegt in Asien)
Athen – GRIECHENLAND
Belgrad – JUGOSLAWIEN
Berlin – DEUTSCHLAND
Bern – SCHWEIZ
Brüssel – BELGIEN
Budapest – UNGARN
Bukarest – RUMÄNIEN
Dublin – IRLAND
Helsinki – FINNLAND
Kiew – UKRAINE
Kischinau – MOLDAWIEN
Kopenhagen – DÄNEMARK
Laibach (Ljubljana)– SLOWENIEN
Lissabon – PORTUGAL
London – GROSSBRITANNIEN
Luxemburg – LUXEMBURG
Madrid – SPANIEN
Minsk – WEISSRUSSLAND
Monaco – MONACO
Moskau – RUSSLAND
Nikosia – ZYPERN
Oslo – NORWEGEN
Paris – FRANKREICH
Prag – TSCHECHISCHE REPUBLIK
Preßburg (Bratislava) – SLOWAKEI
Reval (Tallinn) – ESTLAND
Reykjavik – ISLAND
Riga – LETTLAND
Rom – ITALIEN
San Marino – SAN MARINO
Sarajewo – BOSNIEN-HERZE-GOWINA
Skopje – MAKEDONIEN
Sofia – BULGARIEN
Stockholm – SCHWEDEN
Tirana – ALBANIEN
Vaduz – LIECHTENSTEIN
Valletta – MALTA
Vatikanstadt – VATIKANSTADT
Warschau – POLEN
Wien – ÖSTERREICH
Wilna (Vilnius) – LITAUEN
Zagreb – KROATIEN

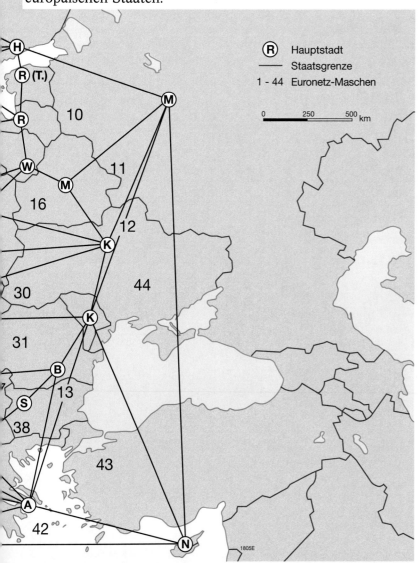

Aufgaben

1. Welche Länder verbergen sich hinter dem Stiefel, dem Hund und dem Kopf? Zeichne Faustskizzen.

Europa – einprägsame Formen

Die starke Gliederung Europas bringt es mit sich, dass einzelne Länder eine besondere Form haben. Mit ein wenig Fantasie kannst du auf der Europakarte einen Hund, einen Kopf, einen Stiefel und weitere Formen erkennen. So kannst du dir die Umrisse der Länder leicht merken. Die Formen helfen dir auch beim Zeichnen einer Faustskizze. Das ist eine Zeichnung, die man aus dem Kopf schnell auf einem Stück Papier oder an der Tafel entwirft. Das Anfertigen solcher Skizzen ist eine Frage der Übung.

Am besten gehst du dabei folgendermaßen vor:
1. Präge dir die Umrisse anhand der Atlaskarte ein.
2. Lege Transparentpapier auf die Atlaskarte und zeichne die Umrisse ab.
3. Stelle fest, ob die Umrisse einprägsame Formen haben (Dreieck, Viereck, Flasche, Hund, Stiefel).
4. Zeichne nun die Umrisse freihändig auf ein Blatt Papier. Benutze die festgestellten Formen.
5. Vergleiche die Zeichnung mit dem Original im Atlas, korrigiere falls nötig.

a.

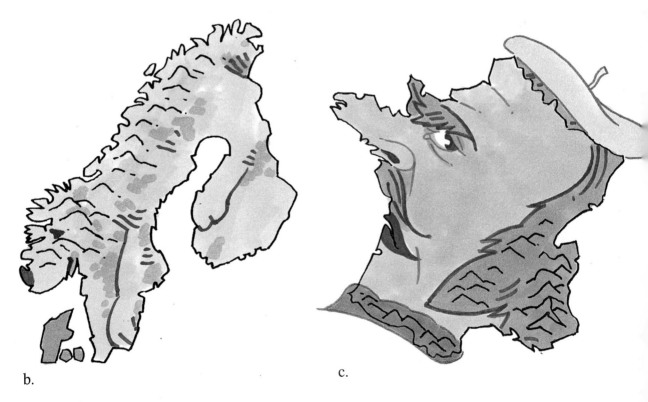

b.

c.

1: Faustskizzen

Das Wichtigste kurz gefasst:

Staaten und Hauptstädte

Europa besteht aus 44 Staaten sowie einem kleinen Teil der Türkei. Der größte Staat ist Russland. Er umfasst auch den nördlichen Teil des Kontinentes Asien. Allein der europäische Teil Russlands umfasst 4,3 Millionen Quadratkilometer. Der kleinste Staat ist die Vatikanstadt in Rom. Er ist nur knapp einen halben Quadratkilometer groß.

Die Hauptstädte der Staaten liegen oft in der Mitte des Landes. Eine solche Mittelpunktslage haben Madrid, Rom und Warschau. In anderen Staaten liegen die Hauptstädte mehr am Rand wie Oslo, Stockholm und London.

Europa gliedert sich in die sechs Großregionen Nordeuropa, Osteuropa, Südosteuropa, Südeuropa, Westeuropa und Mitteleuropa.

Grundbegriffe

Abendland
Nordeuropa
Westeuropa
Südeuropa
Südosteuropa
Osteuropa
Mitteleuropa
Europäische Union

Großlandschaften und EU

Europa ist ein vielgestaltiger Kontinent. Kennzeichnend ist die starke Gliederung in Halbinseln und Inseln. Sie umfassen über ein Drittel der Gesamtfläche. Außerdem unterscheidet man Großräume wie Skandinavien, die Britischen Inseln, das mittel- und osteuropäische Tiefland, die europäischen Mittelgebirge, den Alpenraum, den Karpatenraum sowie den Mittelmeerraum. Der Kontinent ist im Norden, Westen und Süden durch das Europäische Nordmeer, den Atlantischen Ozean und das Mittelmeer begrenzt. Im Osten bildet der Ural die Grenze.

15 Staaten Europas haben sich zu einem Bündnis, der Europäischen Union (EU), zusammengeschlossen.

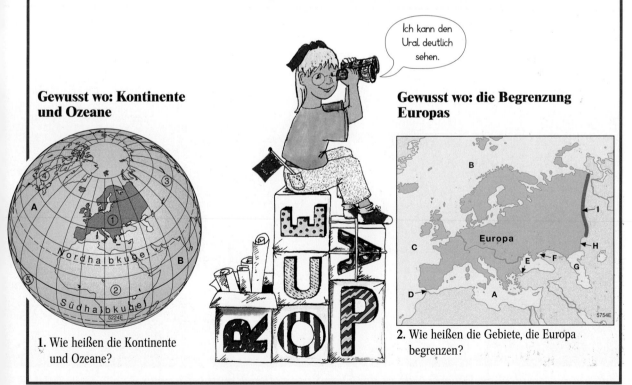

Gewusst wo: Kontinente und Ozeane

1. Wie heißen die Kontinente und Ozeane?

Gewusst wo: die Begrenzung Europas

2. Wie heißen die Gebiete, die Europa begrenzen?

Luftbild des tropischen Regenwalds in der Demokratischen Republik Kongo

Im tropischen Regenwald am Äquator

1: Tropischer Regenwald in Afrika

Aufgaben

1. Beschreibe den täglichen Ablauf des Wetters (Abb. 2).

2. Betrachte Abb. 3.
a) Nenne eine Pflanze und ein Tier in der Strauch- und Krautschicht.
b) Wie hoch reicht die abgebildete Brettwurzel? Welche Aufgabe hat sie?
c) Welche Pflanzen wachsen zwischen 10 m und 40 m?
d) Wodurch unterscheidet sich das Stockwerk über 40 m von den anderen Stockwerken?

Im tropischen Regenwald

Rainer Albrecht arbeitet seit zwei Jahren als Entwicklungshelfer im **tropischen Regenwald** in der Demokratischen Republik Kongo. Heute holt er seinen Freund Peter aus Deutschland vom Flughafen in Kisangani ab. Gemeinsam fahren sie dann mit einem Boot den Kongo stromabwärts.

Am Ufer ist dichter Regenwald zu sehen. Ein Wirrwarr von Schlingpflanzen (Lianen) spannt sich von Baum zu Baum. Moose hängen herab, meterhohe Farne und Sträucher stehen zwischen den Bäumen. Auf verschiedenen Bäumen wachsen Blumen oder andere Pflanzen. Diese nennt man **Aufsitzerpflanzen**. Auch die Orchideen zählen dazu.

Das dichte Blätterdach der Bäume lässt wenig Licht zum Boden durch. Nur einige „Urwaldriesen" überragen die zusammenhängenden Baumkronen. Diese Bäume besitzen viele Meter hohe **Brettwurzeln** (siehe Seite 102 Abb. 1). Sie sorgen dafür, dass die riesigen Bäume standfest sind. Kraut- und Strauchschicht, verschiedene Baumschichten und die Urwaldriesen bilden einen **Stockwerkbau**.

Hier in der Nähe des Äquators gibt es keine Jahreszeiten. Das ganze Jahr über ist es warm, im monatlichen Durchschnitt ca. 25° C. Gegen Mittag wird es unerträglich schwül. Die Sonne brennt senkrecht herab, sie steht im **Zenit**. Es ist fast nicht auszuhalten. Hemd und Hose kleben am schweißnassen Körper. Gegen Mittag ballen sich Wolken zusammen, ein Gewitter zieht auf. Bald schon blitzt es und gießt in Strömen. Nach dem Regen ist es etwas kühler geworden. Gewitter gibt es hier am Nachmittag fast täglich.

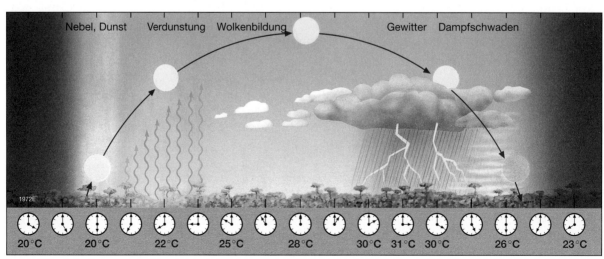

2: Täglicher Ablauf des Wetters im tropischen Regenwald

60 m

Urwaldriesen,
z.B. Limba,
Mahagoni

40 m

obere
Baumschicht
mit geschlossenem
Blätterdach,
z.B.Teak

20 m

mittlere
Baumschicht
mit schmalen
Kronen,
z.B.Palisander

untere
Baumschicht
mit kleineren
Bäumen,
Sträuchern

10 m

Strauch-
und Krautschicht

1973E

0 m

3: Stockwerkbau im tropischen Regenwald

i

Die Pygmäen

Jäger und Sammler

Hütten aus Zweigen und Blättern

Nahrung: Waldfrüchte
Wurzeln
Blätter
Schnecken
Insekten
Fleisch (Jagdbeute)

Jagdgeräte: Speere
Messer
Giftpfeile

Pygmäen – die kleinen Menschen des Waldes

Die Pygmäen zählen zu den Ureinwohnern Afrikas. Sie sind ein **Naturvolk**, das sich den Gesetzen des Waldes angepasst hat. Wie vor Jahrtausenden leben die Pygmäen als Jäger und Sammler im tropischen Regenwald. Etwa 20 Familien gehören jeweils zu einer Gruppe. Wegen ihrer Körpergröße (etwa 1,50 m) nennt man sie „die kleinen Menschen des Waldes". Die Männer gehen auf die Jagd. Ihre Beute, z. B. Affen, Vögel und auch Elefanten, teilen sie gleichmäßig unter allen Jägern auf. Die Frauen sammeln essbare Pflanzen und kleine Tiere. Pygmäenhütten sind aus Laub gebaut. Wird ein Jagdgebiet aufgegeben, zieht die Gruppe zu einer anderen Stelle und baut dort neue Hütten.

Heute geben immer mehr Pygmäen ihre traditionelle Lebensweise auf. Ihre Jagdgebiete werden immer kleiner durch die **Erschließung** des tropischen Regenwaldes mit Straßen, Siedlungen und Ackerland. Die Pygmäen arbeiten zunehmend in den Dörfern der Ackerbauern. Dort sind sie als Feldarbeiter, Last- und Wasserträger tätig.

Krankheiten und Alkoholismus führen dazu, dass sich die Zahl der Pygmäen verringert. Vor 50 Jahren lebten etwa 360 000 Pygmäen, heute sind es nur noch rund 100 000.

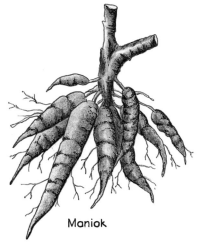

Maniok

1: Maniok, Yams und Batate werden in den Tropen wegen ihrer nahrhaften Wurzelknollen angebaut. Die Knollen können gekocht oder gebraten werden. Ihr Mehl wird zu Brei, Brot oder Fladen verarbeitet.
Zu den Knollenfrüchten zählt auch unsere Kartoffel.

2: Wohnhütte der Pygmäen

Bantus – Ackerbauern im tropischen Regenwald

Auch die Bantus sind ein Naturvolk, das im tropischen Regenwald lebt. Im Gegensatz zu den Pygmäen betreiben die Bantus Ackerbau. Sie roden und brennen Flächen im Urwald ab und legen darauf **Pflanzungen** an. Diese Arbeit wird von den Männern erledigt. Auf den neu gewonnenen Ackerflächen bauen die Bantus Bananen, Mais und Knollenfrüchte, zum Beispiel Maniok, Yams und Batate, an. Als Ackergeräte benutzen sie Grabstöcke, mit deren Hilfe sie die Pflanzen setzen. Mit Hacken wird der Boden gelockert. Für die Feldarbeit sind vor allem die Frauen zuständig.

Die Bantus wohnen in kleinen Dörfern. Diese verlassen sie, wenn der Boden durch den Anbau ausgelaugt ist. Dann suchen sie sich ein neues Waldstück und bauen ein neues Dorf. Ihre Hütten bestehen aus Lehm und Stroh. Sie sind dem Regenwaldklima angepasst: Der Regen kann von den spitzen Dächern gut ablaufen.

Der größte Teil der Bantus lebt auch heute noch in dieser traditionellen Weise. Aber immer mehr Bantus wandern in die Städte ab. Einige versuchen auch Arbeit in den Kobalt-, Kupfer-, Zinn- und Bleiminen im Süden der Demokratischen Republik Kongo und in Sambia zu finden.

Die Bantus

Ackerbauern

Hütten aus Lehm und Stroh

Nahrung: Anbaufrüchte wie
          Bananen
          Mais
          Knollenfrüchte
          (Maniok, Yams und
          Batate)

Ackergeräte: Grabstock
              Hacke
              Haumesser

3: Bantu-Siedlung

Aufgaben

1. a) Beschreibe die Hütten der Pygmäen und der Bantus (Abb. 2 und Abb. 3).
b) Begründe die unterschiedliche Bauweise.

2. Lege eine Tabelle an, in der du die Tätigkeiten der Pygmäen und Bantus aufführst. Unterscheide Frauen- und Männertätigkeiten.

3. Wie verändert sich das Leben der Pygmäen heute? Nenne Gründe.

4. Die Pygmäen sind vom Aussterben bedroht. Welche Ursachen gibt es dafür?

1: Brandrodung

Wanderfeldbau mit Brandrodung

Die Ackerbauern des tropischen Regenwaldes betreiben eine Landwirtschaft, die den Naturbedingungen des Regenwaldes angepasst ist. Sie legen ihre Felder durch **Brandrodung** an: Zuerst werden die kleineren Bäume und die Sträucher abgeschlagen, dann wird die Fläche abgebrannt. Die größeren Bäume und die Baumstümpfe verkohlen. Ihre Asche ist ein guter Dünger. Allerdings ist der Boden viel nährstoffärmer als unsere Böden. Er ist daher schon nach wenigen Jahren ausgelaugt. Die Bauern roden ein neues Waldstück und legen ein neues Feld an. Das alte, verlassene Feld bleibt brach liegen. Bald wächst wieder Wald nach. Ungefähr 20 Jahre später wer-

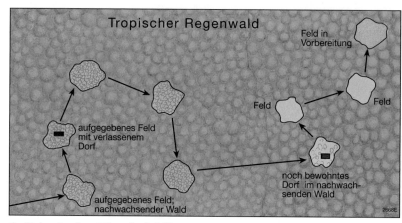

2: Prinzip des Wanderfeldbaus

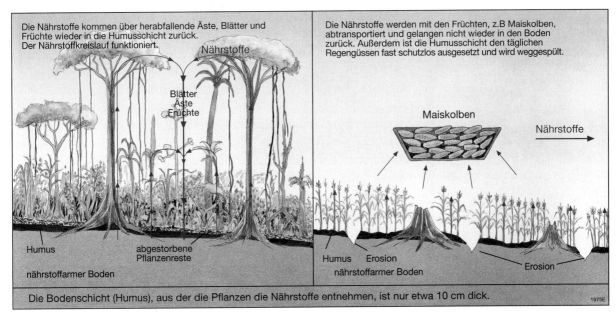

Die Nährstoffe kommen über herabfallende Äste, Blätter und Früchte wieder in die Humusschicht zurück. Der Nährstoffkreislauf funktioniert.

Nährstoffe

Blätter
Äste
Früchte

Humus

abgestorbene Pflanzenreste

nährstoffarmer Boden

Die Nährstoffe werden mit den Früchten, z.B Maiskolben, abtransportiert und gelangen nicht wieder in den Boden zurück. Außerdem ist die Humusschicht den täglichen Regengüssen fast schutzlos ausgesetzt und wird weggespült.

Maiskolben

Nährstoffe

Humus   Erosion

nährstoffarmer Boden

Erosion

Die Bodenschicht (Humus), aus der die Pflanzen die Nährstoffe entnehmen, ist nur etwa 10 cm dick.

1975E

3: Der unberührte tropische Regenwald …   *4: … und seine landwirtschaftliche Nutzung*

den oft die gleichen Felder gerodet. Diese Form der Landnutzung nennt man **Wanderfeldbau**.

Über Jahrhunderte blieb der Schaden für den Regenwald gering, weil die Menschen nur kleine Flächen rodeten und erst nach vielen Jahren frühere Felder wieder nutzten. Der Wald konnte sich erholen. Heute jedoch ist die Bevölkerungszahl so groß, dass mehr Flächen gerodet werden und schon nach wenigen Jahren dieselben Flächen wieder abgebrannt werden.

Oft wird auch der Wanderfeldbau aufgegeben und **Dauerfeldbau** betrieben. Aber dann gehen die Erträge nach wenigen Jahren zurück. Der Boden ist nicht fruchtbar genug.

Wie aber kommt es dann, dass die Pflanzenfülle des tropischen Regenwaldes auf dem nährstoffarmen Boden gedeiht?

Rascher Nährstoffkreislauf

Der Regenwald hat einen geschlossenen **Nährstoffkreislauf**: Die Pflanzen des Waldes wachsen ständig. Dabei werfen sie fortwährend Blätter und Äste ab. Diese werden in dem feucht-heißen Klima sofort zersetzt. Es entsteht Humus. Darin sind Nährstoffe enthalten, die der Regen schnell löst. Sie werden von den Wurzeln direkt aufgenommen. Dieser rasche Nährstoffkreislauf wird dann unterbrochen, wenn man den Wald rodet. Den angebauten Nutzpflanzen fehlt der Nährstoffnachschub. Außerdem tragen die kräftigen Regengüsse und der Wind die jetzt wenig geschützte Humusschicht ab. Die Abtragung des Bodens nennt man **Bodenerosion**.

Menge der Abtragung (in Tonnen pro Jahr bei einer Fläche von 100 x 40 m²)

dichter Wald mit Unterholz

0 Tonnen

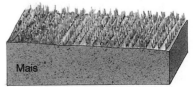

Mais

30 Tonnen

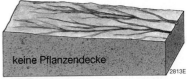

keine Pflanzendecke

2813E

60 Tonnen

5: Bodenerosion an Hängen mit gleicher Neigung, aber unterschiedlicher Pflanzendecke
(Angabe des abgetragenen Bodens in Tonnen)

99

1: Werbung für eine Plantagenfrucht

Plantagen – landwirtschaftliche Großbetriebe

Der tropische Regenwald ist nicht nur durch den Wanderfeldbau erschlossen worden. Europäer rodeten seit dem 18. Jahrhundert riesige Waldflächen und legten Großbetriebe (3000 bis 12 000 Hektar) an. Diese **Plantagen** gehören oft internationalen Firmen, die die Kosten für die Erschließung aufbringen können. Zu einer Plantage gehören Siedlungen sowie Aufbereitungs- oder Verarbeitungsanlagen. Es müssen Straßenanschlüsse und oft auch Eisenbahnanschlüsse gebaut werden. Die Bezahlung der Arbeiter und die Pflege der Plantage kosten ebenfalls Geld. Dennoch lohnt sich der Aufwand, denn die Produkte der Plantagen werden in aller Welt verkauft: Kakao, Palmöl, Kaffee, Kautschuk, Ananas, Bananen und andere Früchte. Diese Anbaupflanzen können viele Jahre genutzt werden. Dadurch wird der Nährstoffkreislauf nicht völlig unterbrochen wie bei den Einjahrespflanzen (z. B. Mais). Auch die Erosion kann verhindert werden.

Allerdings sind Plantagen immer auf eine Anbaufrucht spezialisiert. Auf riesigen Flächen wird immer derselbe Baum oder Strauch gepflanzt. Diese **Monokulturen** sind besonders anfällig für Krankheiten und Schädlinge. Deshalb werden Pflanzenschutzmittel gespritzt. Die Gifte gelangen in Böden, Flüsse und in das Grundwasser und stellen so eine Gefahr für die Umwelt dar. Durch die Plantagen ist der Regenwald an vielen Stellen vernichtet worden.

Aufgaben

1. a) Notiere die Kennzeichen einer Plantage.
b) Plantagen sind umstritten. Schreibe Argumente auf, die für und gegen die Anlage von Plantagen sprechen.

2. a) Erkläre, was Monokultur ist.
b) Welche Vor- und Nachteile haben Monokulturen?

3. a) Aus welchem afrikanischen Land kommt die Plantagenfrucht in Abb. 1?
b) Stelle fest, wie die Nachbarstaaten dieses Landes heißen (Atlas, Karte: Afrika – Staaten).
c) Welche Nutzpflanzen findest du im Atlas in den Staaten Elfenbeinküste, Ghana und Kamerun (Karte: Afrika – Landwirtschaft)?

2: Kakaoplantage – Schädlingsbekämpfung

Kleine Pflanzenkunde tropischer Nutzpflanzen

Kaffee

Die Kaffeepflanze stammt aus Äthiopien. Es gibt Kaffeebäume und -sträucher. Die Kaffeekirschen enthalten entweder einen rundlichen oder zwei bohnenförmige Samen. Nach der Ernte werden die Schalen entfernt. Man erhält die Kaffeebohnen. Diese werden in den Verbraucherländern geröstet. Dabei entwickeln sie ihr Aroma.

Kautschuk

Kautschuk wird aus der Rinde eines Baumes gewonnen, der zu den Gummi- und Harzpflanzen gehört. Er wird bis zu 30 m hoch und stammt aus den Regenwäldern am Amazonas in Südamerika. Um den Milchsaft (Latex) zu gewinnen wird die Rinde der Bäume eingeschnitten. Der Saft tröpfelt in einen Becher, der am Baum angebracht ist.

Ölpalme

Die Ölpalme ist ein wichtiger Fettlieferant. Sie wird 20 bis 30 m hoch. Jede Palme bringt jedes Jahr etwa fünf bis zehn Fruchtstände (siehe Abbildung) hervor, von denen jeder bis zu 50 kg schwer werden kann. Das Öl wird aus dem Fruchtfleisch gewonnen. Dies geschieht auf den Plantagen.

Ananas

Die Ananas kommt vermutlich ursprünglich aus Mittelamerika. Aus den ährenartigen Blüten entwickeln sich sechs Monate später die reifen Früchte. Im nächsten Jahr blüht dann ein Seitentrieb und so setzt sich das Jahr für Jahr fort. Allerdings werden die Früchte immer kleiner. Deshalb setzt man schon nach drei Jahren neue Pflanzen.

1: Brettwurzel

2: Abtransport des Holzes

Tropenhölzer sind wertvoll

Der tropische Regenwald liefert einen begehrten Rohstoff: die Tropenhölzer. Limba, Mahagoni, Ebenholz, Teak, Palisander und viele andere Hölzer werden zum Beispiel zu Türen, Fenstern und Möbeln verarbeitet. Sie haben eine gleichmäßige Maserung, sind sehr hart und besonders wetterbeständig. Naturschützer beklagen, dass die Holzindustrie die tropischen Regenwälder ausplündert, also **Raubbau** betreibt. Oft sind es Großunternehmen aus den USA, Japan und Europa, die die wertvollen Bäume im Regenwald fällen.

Die Holzgewinnung im tropischen Regenwald muss in besonderer Weise erfolgen. Auf einem Hektar Wald wachsen oft nur zehn Edelhölzer. Ein Holzfäller berichtet: „Wir fliegen über die Waldflächen und suchen sie nach den wertvollen Bäumen ab. Nun beginnt die Arbeit für die Fußtrupps: Sie markieren die Bäume und schlagen Schneisen für den Abtransport in den Wald. Dann fällen wir die bezeichneten Bäume."
Einige Holzhändler sind der Meinung, dass diese Nutzung dem tropischen Regenwald nicht schadet, weil immer nur einzelne Bäume gefällt werden. Das sehen Naturschützer anders: Zum Fällen sind schwere Maschinen notwendig, die Pflanzen und Boden zerstören. Im Umkreis eines geschlagenen Baumes wird die Hälfte der Bäume und Sträucher abgeknickt oder niedergewalzt.

Aufgaben

1. Schildere die Schwierigkeiten beim Fällen von Edelhölzern im tropischen Regenwald (Abb. 2, Text).

2. Wie unterscheidet sich die Holzgewinnung im tropischen Regenwald von der Holzgewinnung in unseren Wäldern?

3. Besuche ein Möbelgeschäft und notiere, welche Möbel aus tropischen Edelhölzern angeboten werden.

4. Berichte über die Folgen der Abholzung der Regenwälder für die gesamte Erde (Abb. 3).

Die „grüne Lunge" der Erde stirbt

Die Abholzung der tropischen Regenwälder ist eine ernste Gefahr für die gesamte Erde. Mit dem Regenwald stirbt auch der Mensch.

Der geschlossene Nährstoffkreislauf des tropischen Regenwalds wird zerstört, wenn der Wald gerodet wird.

SCHÜTZT DEN TROPISCHEN REGEN-WALD!

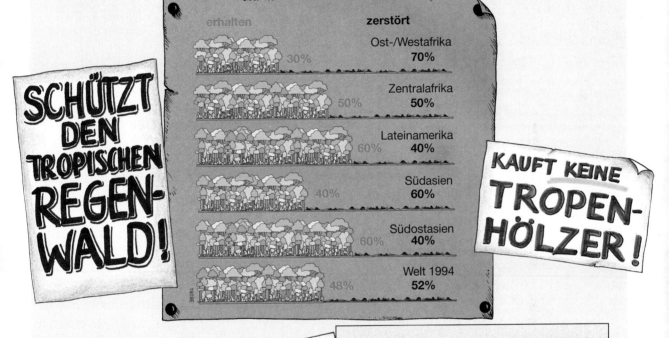

	erhalten		zerstört
Ost-/Westafrika	30%		70%
Zentralafrika	50%		50%
Lateinamerika	60%		40%
Südasien	40%		60%
Südostasien	60%		40%
Welt 1994	48%		52%

KAUFT KEINE TROPEN-HÖLZER!

Das Weltklima ist in Gefahr!

Der tropische Regenwald ist ein Wärmespeicher. Durch die Sonnenstrahlung verdunsten große Mengen Wasser. Dabei wird Wärme in die Atmosphäre transportiert. Dies wirkt sich sogar bis in die Polarzonen kältemildernd aus.

Der tropische Regenwald ist ein Kohlenstoffspeicher. Generell speichern Pflanzen den als Kohlenstoffdioxid in der Luft vorhandenen Kohlenstoff. Allein der tropische Regenwald nimmt jährlich ein Viertel der Kohlenstoffmenge auf, die Industrie, Hausbrand und Verkehr in Form von Kohlenstoffdioxid in die Luft blasen. Wird Regenwald vernichtet, so bleibt mehr Kohlenstoffdioxid in der Luft. Das Kohlenstoffdioxid behindert aber den Abzug der Wärme in das Weltall. Mehr Kohlenstoffdioxid in der Luft hat also eine Erwärmung der Erde zur Folge. Man spricht von einem „künstlichen Treibhauseffekt". Die Auswirkungen für die Menschen können katastrophal sein: Die Gletscher und das Eis an den Polen schmelzen, der Meeresspiegel steigt, das Klima ändert sich weltweit.

3: Folgen der Zerstörung des tropischen Regenwalds

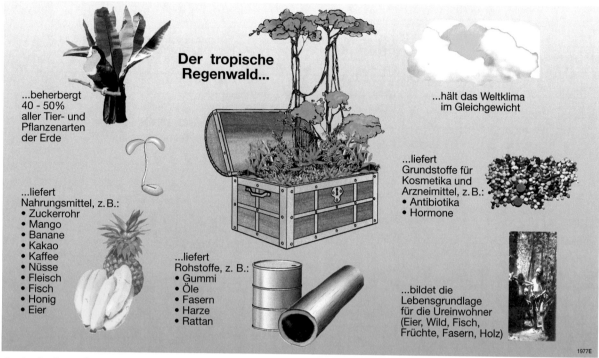

1: Aufgaben des tropischen Regenwaldes

Aufgaben

1. Finde die Namen in Abb. 2 mithilfe von Atlaskarten (Kontinente – Landwirtschaft) heraus. In welchen Ländern liegen die Städte (Atlas, Karte: Erde – Staaten)?

2. Was sagt Abb. 3 aus? Beziehe Abb. 1 in deine Antwort ein.

Schatztruhe tropischer Regenwald

Die tropischen Regenwälder liegen beiderseits des Äquators. Sie bedecken große Flächen der Erde in der tropischen Klimazone. Zum Wachstum brauchen sie ganzjährig hohe Niederschläge (mindestens 1800 mm im Jahr) und Jahresdurchschnittstemperaturen zwischen 25 °C und 28 °C.
Die Regenwälder sind eine „Schatztruhe" für die gesamte Erde. Deshalb müssen sie geschützt werden.

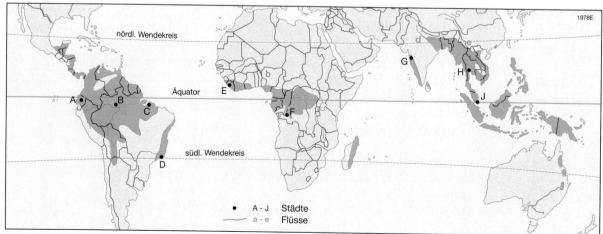

2: Übungskarte zu den tropischen Regenwäldern der Erde

3: Karikatur von Horst Haitzinger

Wir prüfen unser Wissen

Der Stockwerkbau des tropischen Regenwaldes

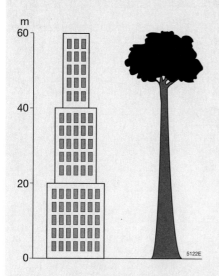

Zeichne ein Hochhaus von 60 m Höhe (10 m ≙ 2 cm) in dein Heft. Das Haus verjüngt sich alle 20 m nach oben. Zeichne daneben einen Ausschnitt aus dem tropischen Regenwald mit unterschiedlichen Baum- und Strauchhöhen.

Ordne den unterschiedlichen Stockwerken folgende Begriffe zu:

Strauch- und Krautschicht, untere Baumschicht, mittlere Baumschicht, obere Baumschicht, Urwaldriesen.

Wenn du Baumarten kennst, die zu den einzelnen Schichten passen, kannst du sie dazuschreiben.

Ein schwieriges Worträtsel

Im Rätsel sind zehn Grundbegriffe von Seite 107 versteckt.

Einer dieser Begriffe ist fett gedruckt.

Du sollst weitere neun Begriffe finden:

fünf waagerecht und vier senkrecht.

Befestige mit Büroklammern Transparentpapier über dem Rätsel und umrahme die gefundenen Grundbegriffe mit Bleistift.

Schreibe sie anschließend auf.

A	B	C	**T**	R	A	U	B	B	A	U	Q	P	F
F	U	P	**R**	X	Z	Y	R	X	R	W	S	T	U
X	V	T	**O**	R	P	L	A	N	T	A	G	E	Y
Y	W	F	**P**	F	L	A	N	Z	U	N	G	M	N
Z	A	M	**I**	K	Q	L	D	E	E	D	E	O	A
E	K	O	**S**	I	O	N	R	X	Z	E	N	I	T
O	H	N	**C**	H	I	K	O	L	M	R	N	O	U
P	K	O	**H**	K	P	Q	D	R	S	F	T	U	R
Q	L	K	**E**	Y	V	W	U	X	Y	E	Z	A	V
D	M	U	**R**	**E**	**G**	**E**	**N**	**W**	**A**	**L**	**D**	E	O
E	N	L	M	Z	N	P	G	R	T	D	V	W	L
G	O	T	E	X	I	F	K	H	R	B	Z	U	K
D	A	U	E	R	F	E	L	D	B	A	U	P	O
H	P	R	Q	X	R	S	T	V	W	U	X	Y	W

Naturraum tropischer Regenwald

Im tropischen Regenwald wachsen mehr Pflanzenarten als in jedem anderen Waldgebiet der Erde. Die Pflanzen reichen in verschiedene Höhen hinauf (Stockwerkbau). Viele Bäume haben Brettwurzeln. Lianen und Aufsitzerpflanzen sind typische Pflanzen, die sich an Bäumen dem Licht entgegenranken. Das ganze Jahr ist es sehr warm. Es gibt keine Jahreszeiten. Fast täglich kommt es zu Gewittern.

Nutzung und Zerstörung

In den tropischen Regenwäldern leben die Pygmäen, ein Naturvolk von geringer Körpergröße. Sie sind Sammler und Jäger. Ihre Zahl ist in den letzten Jahrzehnten stark zurückgegangen.

Die Bantus sind Ackerbauern. Sie betreiben Wanderfeldbau. Dabei legen sie durch Brandrodung Felder an, die sie beackern, bis der Boden ausgelaugt ist. Dann ziehen sie weiter und brennen ein neues Stück Regenwald ab. Auf dem alten Feld wächst Wald nach. Da die Bevölkerungszahl stark angestiegen ist, wird mehr und mehr zu Dauerfeldbau übergegangen. Dadurch werden Wald und Boden geschädigt, es kommt zur Bodenerosion.

Plantagen sind Großbetriebe, die oft internationalen Firmen gehören. Hier werden in Monokultur Nutzpflanzen für den Weltmarkt angebaut, zum Beispiel Kaffee und Kakao.

Ein begehrter Rohstoff sind Tropenhölzer. Bei der Holzgewinnung werden Schneisen in den Regenwald geschlagen, Bäume und Sträucher werden niedergewalzt oder knicken ab. Die Abholzung der tropischen Regenwälder kann zu einer weltweiten Klimaänderung führen.

Grundbegriffe

**tropischer Regenwald
Aufsitzerpflanze
Brettwurzel
Stockwerkbau
Zenit
Naturvolk
Erschließung
Pflanzung
Brandrodung
Wanderfeldbau
Dauerfeldbau
Nährstoffkreislauf
Bodenerosion
Plantage
Monokultur
Raubbau**

Tropische Regenwälder auf der Erde

Tropische Regenwälder liegen beiderseits des Äquators in der tropischen Klimazone mit gleichmäßig hohen Temperaturen und hohen Niederschlägen.

Der tropische Regenwald liefert Nahrungsmittel, Rohstoffe, Grundstoffe für Kosmetik-Artikel und Arzneimittel. Er ist die Lebensgrundlage für Naturvölker, Tiere und Pflanzen und hält das Weltklima im Gleichgewicht. Deshalb ist er eine „Schatztruhe", die geschützt werden muss.

Eine Karawane in der Sandwüste der Sahara

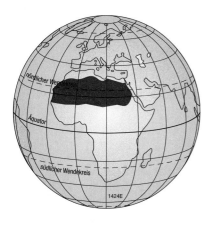

1: Lage der Sahara

Durst

„Die Sahara ist ein Meer ohne Wasser." Diesen Vergleich ziehen Reisende, die in der größten **Wüste** der Erde unterwegs sind. In der Glut der Sonne sind schon viele Menschen gestorben. Der französische Pilot und Schriftsteller Antoine de Saint-Exupéry ist 1935 mit einem Flugzeug in der Sahara abgestürzt. Er berichtet in seinem Buch „Wind, Sand und Sterne" (Hamburg 1964):

„Ich fühle keinen Hunger, nur Durst. Dabei habe ich so gut wie nichts gegessen, am ersten Tag einige Trauben, am zweiten und dritten Tag eine halbe Apfelsine und etwas Kuchen. Für mehr Nahrung hatten wir keinen Speichel. Der Durst aber ist allmächtig: die harte Kehle, die Zunge aus Gips, das Rasseln im Schlund und ein ekliger Geschmack im Mund. Einen Augenblick haben wir gerastet, nun geht es weiter. Die Landschaft verändert sich, die Steine werden seltener und wir gehen auf Sand. Zwei Kilometer vor uns beginnen die Dünen mit einigen Anzeichen kleinen Pflanzenwuchses. Ich bringe keinen Speichel mehr hervor. Die Sonne hat alles ausgetrocknet."

In Salah/Algerien, 280 m ü. NN

Uhr-Zeit	8⁰⁰	10⁰⁰	12⁰⁰	14⁰⁰	16⁰⁰	18⁰⁰	20⁰⁰	22⁰⁰	24⁰⁰	2⁰⁰	4⁰⁰	6⁰⁰
Temperatur	12°C	18°C	21°C	27°C	26°C	20°C	14°C	8°C	5°C	1°C	-1°C	3°C

2: Tag- und Nachttemperaturen von In Salah am 18./19. Dezember 2001

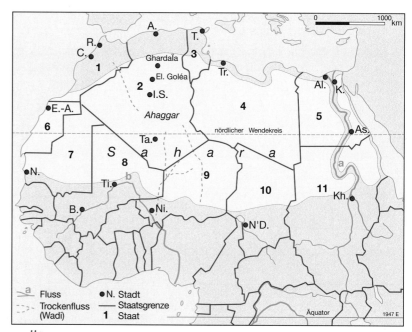

3: Übungskarte Sahara

Aufgaben

1. Miss die Nord-Süd- und die West-Ost-Ausdehnung der Sahara (Abb. 3) und schreibe die Ergebnisse in dein Heft.

2. Ermittle die Namen in der Übungskarte (Abb. 3) mithilfe des Atlas (Karte: Nordafrika – physisch).

3. Was fällt dir an den Temperaturwerten in dem Wüstenort auf (Abb. 2)?

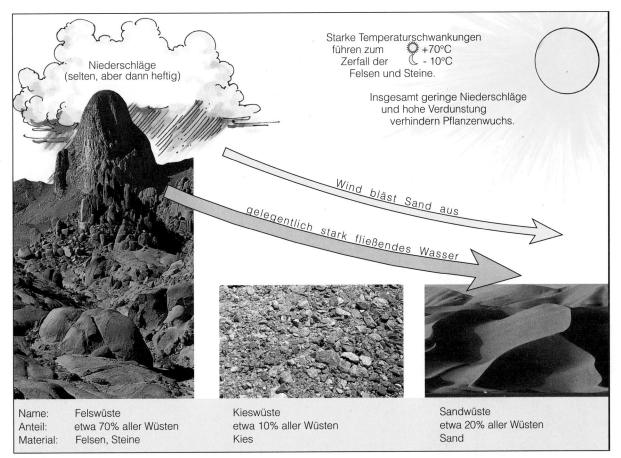

Niederschläge
(selten, aber dann heftig)

Starke Temperaturschwankungen
führen zum ☀ +70°C
Zerfall der ☾ - 10°C
Felsen und Steine.

Insgesamt geringe Niederschläge
und hohe Verdunstung
verhindern Pflanzenwuchs.

Wind bläst Sand aus

gelegentlich stark fließendes Wasser

Name:	Felswüste	Kieswüste	Sandwüste
Anteil:	etwa 70% aller Wüsten	etwa 10% aller Wüsten	etwa 20% aller Wüsten
Material:	Felsen, Steine	Kies	Sand

4: Wüstenarten und ihre Entstehung

Die Wüste hat viele Gesichter

Die Sahara ist nicht ein einziges großes Sandmeer. Die **Sandwüste** bedeckt nur etwa 20 Prozent der Sahara. Winde lagern den Sand ständig um und schütten ihn zu Dünen auf. Die weiten Flächen der **Kieswüsten** bestehen aus Geröll. Hier hat der Wind den feinen Sand ausgeblasen. Besonders menschenfeindlich ist die **Felswüste**. Am Tag kann es bis zu 60° C heiß werden. Nachts dagegen sinken die Temperaturen gelegentlich bis unter den Gefrierpunkt. Diese großen Temperaturunterschiede führen zu Spannungen im Gestein. Es kann auseinander brechen. Manchmal klingt es wie ein Pistolenschuss, wenn ein Stein zerspringt (siehe Seite 122).

Von den Gebirgen am Rand der Wüste führen Täler in die Sahara. Es sind Trockentäler. Sie heißen **Wadis**. Nur nach den seltenen, aber heftigen Regengüssen füllen sie sich mit Wasser. Dann können sie zu einer Gefahr für die Reisenden werden.
An manchen Stellen tritt in der Wüste salzhaltiges Wasser an die Oberfläche. Diese Salzseen nennt man **Schotts**.

Aufgaben

4. a) Beschreibe die verschiedenen Wüstenarten in der Sahara (Abb. 4).
b) Berichte über ihre Entstehung.
c) Welche Wüstenart zeigt die Abb. Seite 108/109?
d) Über welche zwei Wüstenarten berichtet der französische Pilot?

5. Erfahrene Wüstenreisende übernachten nie in Wadis. Erkläre.

111

Aufgaben

1. a) Erkläre die Entstehung einer Grundwasseroase in der Wüste (Abb. 3).
b) Wie gelangt das Wasser unter den Wüstenboden?

2. Die Lage der Oasen und die Lage der Grundwasserspeicher aus vergangenen Zeiten decken sich weitgehend. Gib hierfür eine Begründung (Abb. 2).

3. Erläutere, warum die Oasenbauern Stockwerk-Anbau betreiben (Abb. 1).

1: Stockwerk-Anbau

4. Mache folgenden Versuch im Schulsandkasten zu Abb. 3:
- Besorge dir ein Brett (etwa 1 m lang, 30 cm breit).
- Lege es in den Sandkasten und bedecke es etwa 30 cm hoch mit Sand.
- Unterlege das Brett auf der einen Seite mit einer ca. 10 cm hohen Unterlage (z. B. einer Dose), sodass es schräg liegt.
- Gieße nun oben an der hohen Seite des Brettes vorsichtig mit einer Gießkanne Wasser auf den Sand.
- Beobachte und vergleiche mit Abb. 3.

Oasen – Inseln im Meer der Wüste

Wir starten früh am Morgen in Ghardaia. Unser Ziel ist die **Oase** El Golea, 300 Kilometer weiter südlich. Eine scheinbar endlose Sandlandschaft liegt vor uns. Am Mittag steht die Sonne hoch am Himmel und brennt erbarmungslos. Am Nachmittag endlich taucht als grüne Insel im Sandmeer die Oase auf. „Nur wo Wasser ist, da ist auch Leben", erklärt unser Reiseführer. Mitten in der Wüste werden Obst, Gemüse und Getreide angebaut. Die wichtigste Oasenpflanze ist die **Dattelpalme**. Es gibt verschiedene Sorten. Die Oasenbauern bevorzugen die mehligeren Dattelsorten. Süß schmeckende Datteln werden tiefgefroren oder getrocknet und dann vor allem nach Europa exportiert.

Leben in der Oase

Die Oase ist von zahlreichen Bewässerungsgräben durchzogen. Von Hauptbewässerungskanälen zweigen Nebenkanäle ab, die durch Schieber geöffnet und geschlossen werden können. Ein Wasserwächter regelt und überwacht die Wasserverteilung. Im Schatten der Dattelpalmen wachsen Orangen-, Zitronen- und Pfirsichbäume. Darunter werden Melonen, Gurken und Tomaten angebaut. Durch diesen Stockwerk-Anbau verdunstet weniger Wasser und der Boden wird nicht so schnell ausgetrocknet. Weil die Bewässerungsfläche kostbar ist, stehen die Häuser am Rand der Oase auf einer Anhöhe. Sie sind eng aneinander gebaut und besitzen wenige Fenster. Diese Bauweise schützt gegen die sengende Sonne.

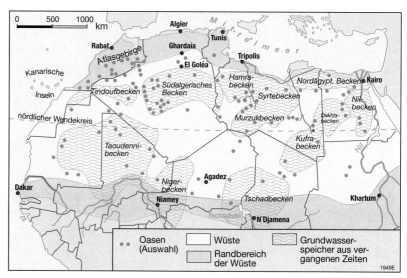

2: Grundwasserspeicher in der Sahara

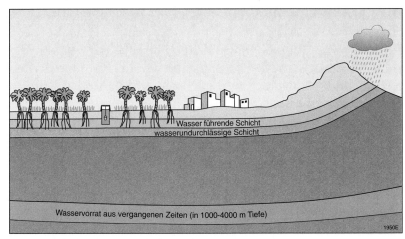

3: Grundwasseroase (Schema)

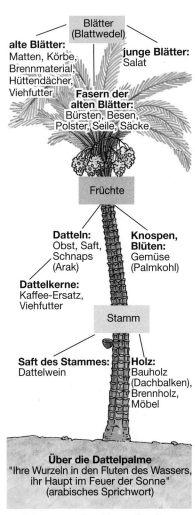

4: Nutzung der Dattelpalme

Labels in Abb. 4:

Blätter (Blattwedel)

alte Blätter: Matten, Körbe, Brennmaterial, Hüttendächer, Viehfutter

junge Blätter: Salat

Fasern der alten Blätter: Bürsten, Besen, Polster, Seile, Säcke

Früchte

Datteln: Obst, Saft, Schnaps (Arak)

Knospen, Blüten: Gemüse (Palmkohl)

Dattelkerne: Kaffee-Ersatz, Viehfutter

Stamm

Saft des Stammes: Dattelwein

Holz: Bauholz (Dachbalken), Brennholz, Möbel

Über die Dattelpalme
"Ihre Wurzeln in den Fluten des Wassers, ihr Haupt im Feuer der Sonne"
(arabisches Sprichwort)

Labels in Abb. 3: Wasser führende Schicht; wasserundurchlässige Schicht; Wasservorrat aus vergangenen Zeiten (in 1000-4000 m Tiefe)

Wie kommt das Wasser in die Wüste?

Das Wasser der Oasen kommt zum Teil aus dem Atlasgebirge am Nordrand der Sahara. Wenn es hier regnet, versickern die Niederschläge. Sie treffen auf eine wasserundurchlässige Schicht und fließen unterirdisch oft viele hundert Kilometer bis weit in die Sahara hinein. Hier kann das Grundwasser nur wenige Meter unter der Erdoberfläche durch Brunnen angezapft werden. In einer solchen **Grundwasseroase** erreichen die Dattelpalmen mit ihren Wurzeln das Grundwasser. Vor einigen Jahren wurden in einer Tiefe von 1000 bis 4000 Meter riesige Wasserbecken entdeckt. Dieses Wasser ist etwa 20 000 Jahre alt. Mithilfe von Motorpumpen wird es gefördert und zur Bewässerung in den Oasen genutzt.

5: Die Grundwasseroase El Golea, Algerien

Aufgaben

5. Die Dattelpalme ist eine Oasenpflanze, die vielseitig nutzbar ist. Erläutere (Abb. 4).

6. Beschreibe Abb. 5. Warum liegen die Häuser bereits in der Wüste?

113

1: Die Oase Fares

1951 E

i Nomaden am Südrand der Sahara

In den Gebieten am Südrand der Sahara fallen mehr Niederschläge als im Innern der Wüste. Hier wachsen Gras und einzelne Sträucher. Für den Ackerbau reichen die Niederschläge jedoch nicht aus. Pflanzen wie Mais und Hirse würden vertrocknen. Auch Bewässerung ist nicht möglich, weil es kaum Flüsse oder Brunnen gibt. Die Menschen leben von der Viehzucht. Sie halten Rinder, Ziegen, Schafe oder Kamele. Die Tiere haben die wenigen Pflanzen eines Weideplatzes schnell abgefressen. Daher bleiben die Viehhirten nie lange an einem Ort. Sie sind als **Nomaden** mit ihren Herden ständig auf Wanderschaft. Ein solches Nomadenvolk sind die Tuareg. Sie leben am Südrand der Sahara. Aus Erfahrung wissen sie, wann es in bestimmten Gebieten regnet. Sie warten dann zunächst, bis die Pflanzen sich von der Trockenheit erholt und neue Samen gebildet haben. Dann dürfen die Tiere auf die Weide.

Wandern um zu überleben

Tatrit ist eine Tuareg-Nomadin am Südrand der Sahara. Sie zieht mit ihrer Großfamilie und ihrer Herde von einem Wasserloch und Weideplatz zum nächsten. Heute sind sie in der Oase Fares am Rand der Wüste Ténéré angekommen. Die Gruppe besteht aus 34 Personen: zwölf Frauen, acht Männern und 14 Kindern. Zunächst müssen die Zelte aufgebaut werden. Das ist für Tatrit und ihre Schwester Raïsha kein Problem. Anschließend zerstampft Raïsha Hirsekörner. Dann schüttet Tatrit die zerstampfte Hirse in den zerbeulten Eisentopf über dem Feuer. Sie fügt Ziegenmilch und Salz hinzu. Das ergibt einen Hirsebrei. Am nächsten Tag unterrichtet Tatrit ihren Sohn Ibrahim. Er kommt aus den nahen Dünen gerannt, in denen er und seine Freunde mit getrockneten Kamelkötteln Murmeln gespielt haben. Ibrahim hockt sich neben die Mutter auf den Boden und malt mit dem Finger dieselben Zeichen in den Sand wie sie. Er lernt die Schrift der Tuareg.

2: Tatrit beim Aufbau des Zeltes

3: Das Zelt ist fertig, der Hirsebrei kocht

„Die Herde!" Fast hätte Tatrit die 18 Ziegen vergessen. Sie treibt sie zum Brunnen und zieht das trübe Wasser aus der Tiefe – zehn schwere Liter pro Eimer, kaum genug um zwei Ziegen zu tränken. Wasser bedingt Leben: „Aman", „iman" – nur ein Buchstabe unterscheidet die Wörter für Wasser und Leben.

Am Abend beginnt das Reiterfest. Tatrit legt ihren Schmuck an. Dann kommen die Reiter auf ihren Kamelen hinter den Dünen hervor. Es sind vermummte Gestalten, drohend, fruchterregend. Sie galoppieren im Kreis und stoßen die Kriegsschreie der Tuareg aus. Sie zeigen, dass sie mutig sind und geschickt mit den Tieren umgehen können.

Am nächsten Morgen kommt Tatrits Bruder Kebebe zu Besuch. Er arbeitet als Jeepfahrer und Reiseführer für ein Touristikunternehmen. Als die Firma vor Jahren einen ortskundigen Begleiter für eine Wüstentour suchte, hat er dort begonnen. Er lernte Französisch und machte den Führerschein. Heute führt er selbst Touristen durch die Sahara.

4: Festlicher Schmuck

5: Beim Reiterfest

6: Kebebe mit seinem Jeep in der Wüste

Aufgaben

1. Nomaden sind mit ihren Herden ständig auf Wanderschaft. Begründe (i).

2. a) Beschreibe den Tagesablauf von Tatrit und ihrer Familie. Berücksichtige die Stichwörter: Essen, Spielen, Unterricht, Bedeutung des Wassers, Tiere, Feste (Text und Abb. 2 – 5).
b) Vergleiche mit deiner Situation. Nenne Gemeinsamkeiten und Unterschiede.

3. Das Leben ändert sich auch für die Tuareg. Erläutere (Text, Abb. 6).

115

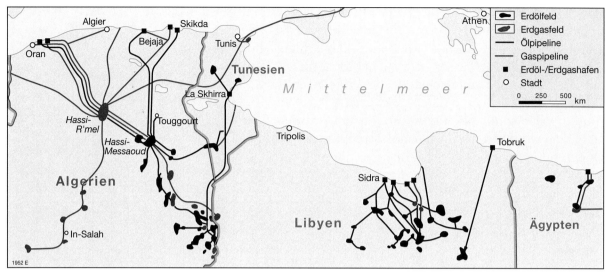

1: Erdöl und Erdgas in der Sahara

Von der Oase aufs Ölfeld

Um 1960 wurden in Algerien, Tunesien, Libyen und Ägypten riesige Lagerstätten von Erdöl und Erdgas entdeckt. Die Funde lagen zum Teil weit ab von der Küste im Inneren der Sahara. „Neue Oasen", sogenannte Industrie-Oasen, entstanden. Ihre Kennzeichen sind Fördertürme, Werkstätten, Tankstellen, Wassertanks, Wohn- und Bürocontainer, vielfach mit Duschen und Klimaanlagen. Für Hilfsarbeiten wurden viele Arbeitskräfte gebraucht. Oasenbauern gaben ihre Felder auf, Nomaden verließen ihre Stämme. Sie fanden gut bezahlte Arbeitsplätze auf den Ölfeldern. Mamadou arbeitet seit drei Jahren als Fahrer in der Industrie-Oase Hassi-Messaoud. Er verdient gut, hat eine geregelte Arbeitszeit und wohnt in einer komfortablen Unterkunft der Ölgesellschaft.

Kamel

- Tagesleistung: ca. 30 km
- Zahl der Kamelführer pro 10 Kamele: 2-3
- Last pro Tier: ca. 200 kg
- „Verbrauch" pro Tag: ca. 10 l Wasser

Lkw

- Tagesleistung:
  Piste: ca. 150 km
  Straße: ca. 500 km
- Zahl der Fahrer pro Lkw: 1
- Last pro Lkw: zwischen 5 und 20 Tonnen
- Verbrauch pro 100 km: 20 l Diesel

2: Transportleistungen

3: Neue Oase Hassi-Messaoud in Algerien

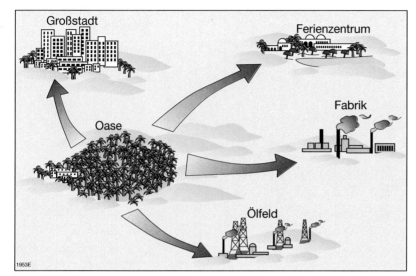

4: Wanderbewegungen in der Wüste

Lkw statt Kamel

In vielen Oasen der Sahara ändert sich die Wirtschaftsweise. Lkws bringen auf asphaltierten Straßen Getreide und andere Nahrungsmittel hierher. Die Preise sind so niedrig, dass sich der Anbau kaum noch lohnt. Zahlreiche Oasengärten sind schon verfallen. Vor allem die jungen Oasenbewohner wandern ab. Gut bezahlte Arbeit finden sie in den großen Städten, den Ferienzentren an der Küste, auf den Ölfeldern oder in Fabriken im Ausland. Sie wollen ein moderneres Leben führen als ihre Eltern. Ein eigener Jeep ist für sie interessanter als eine Herde Ziegen.

In einigen Oasen bringt jedoch der Tourismus neue Einnahmen. Hotels und Campingplätze werden gebaut. Satellitenfernsehen und Telefon sind selbstverständlich.

Aufgaben

1. Beschreibe die Veränderungen in der Wüste durch die Erschließung der Erdöl- und Erdgaslagerstätten der Sahara.

2. Miss die Länge der Erdölpipeline von Hassi-Messaoud nach Skikda (Abb. 1) und vergleiche sie mit der Entfernung von Hamburg nach Wiesbaden.

3. a) Beschreibe die Wanderbewegungen in der Wüste (Abb. 4).
b) Warum verlassen viele junge Bewohner die Oasen?

4. a) In welchem Staat liegt die Oase Ouargla (Atlas: Karte Nordafrika – physisch)?
b) Hotel und Swimmingpool benötigen viel Wasser. Nenne eine mögliche Folge für den Grundwasserspiegel.

5: Hotelswimmingpool in der Oase Ouargla

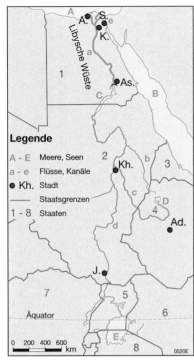

1: Übungskarte Nil-Länder

Die Lebensader Ägyptens – der Nil

In Ägypten leben 58 Millionen Menschen. Das Niltal ist die längste **Flussoase** der Welt. Ein Leben in den Millionenstädten Kairo und Alexandria oder die Landwirtschaft wären nicht möglich ohne das Wasser des Nils. Mit ihm werden die Städte versorgt und die Felder bewässert. Deshalb bezeichnet man Ägypten auch als „Geschenk des Nils". Wie ein grünes Band durchzieht die Niloase die Wüste.

Der Nil wird hier als **Fremdlingsfluss** bezeichnet, weil er durch ein Gebiet fast ohne Niederschläge fließt. Der Nil hat zwei Quellen. Sie liegen in regenreichen Gebieten Afrikas.

2: In der Niloase nördlich von Assuan

Aufgaben

1. Ermittle die Namen in der Übungskarte (Abb. 1) mithilfe des Atlas (Karten: Flussoase Nil und Nordafrika – physisch).

2. Stelle im Atlas fest, ab welcher Stadt der Nil keine Nebenflüsse mehr hat (Karte: Nordafrika – physisch). Begründe.

3. Erkläre den Begriff „Fremdlingsfluss".

4. Abb. 2 vermittelt einen Eindruck von der Landschaft am Nil.
a) Beschreibe die Menschen (Kleidung, Aussehen, Tätigkeit), die Pflanzen, Gebäude und Tiere.
b) Erkläre mithilfe des Bildes den Begriff „Flussoase".

In Äthiopien entspringt der Blaue Nil. Aus dem Gebiet des Viktoriasees kommt der Weiße Nil.

Früher war der Wasserstand des Nils im Verlauf des Jahres sehr unterschiedlich. In den Quellgebieten regnet es im Frühsommer stark. Deshalb stieg der Wasserstand des Flusses im Sommer um bis zu acht Meter. Der Nil trat über seine Ufer und überschwemmte die Flussoase. Auf den überfluteten Flächen lagerte sich der vom Fluss mitgeführte Schlamm ab. Hier haben die Menschen ihre Felder angelegt. Für die Bauern war der Schlamm ein wertvoller Dünger auf dem Ackerboden. Nachdem der Wasserspiegel wieder gefallen war, konnte das Ackerland bepflanzt werden.

Von Pyramiden und Pharaonen

Ägypten ist im Vergleich zu Mitteleuropa ein sehr altes Kulturland. Schon vor 5000 Jahren wurde das Niltal besiedelt. Die Herrscher dieses Reiches hießen Pharaonen. Sie wurden als Götter verehrt.

Im Pharaonenreich gab es bereits eine Schrift aus Bildzeichen. Nach dem Eintritt des Nilhochwassers legte man einen Kalender mit zwölf Monaten und 365 Tagen an. Er war die Grundlage für unseren Kalender heute. Auch entwickelte man eine großartige Bautechnik.

Zeugen aus dieser Zeit sind die Pyramiden. Diese gewaltigen Grabmale der ägyptischen Könige sind aus Millionen von Kalksteinblöcken zusammengefügt. Die größte Pyramide ist die des Pharao Cheops. Sie hatte einst eine Höhe von 147 Metern und liegt in der Nähe von Gizeh. Jede ihrer Seiten hat eine Länge von 231 Metern. Die Menschen kannten damals weder Werkzeuge aus Eisen noch das Rad oder den Flaschenzug. Um die rund 2,3 Millionen Steinblöcke der Cheops-Pyramide aufzuschichten wurden ansteigende Rampen gebaut. Über Holzrollen zog man die 2500 Kilogramm schweren Blöcke auf Schlitten zentimeterweise nach oben.

23 Jahre brauchten Tausende von Sklaven und Arbeitern für dieses Bauwerk, in dessen Inneren verborgen die Grabkammer für den Pharao liegt.

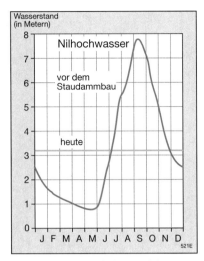

1: Wasserstand des Nils vor und nach dem Bau des Hochdamms

Aufgabe

1. Um wie viel Meter stieg früher der Wasserstand des Nils zwischen Niedrig- und Hochwasser (Abb. 1)?

Dammbau mit Folgen

Die Bevölkerungszahl in Ägypten stieg in den letzten Jahrzehnten ständig an (1960: 30 Mio., 1998: 58 Mio. Einwohner). So wurde die Versorgung der Menschen mit Nahrungsmitteln zum Problem. Deshalb baute die ägyptische Regierung mit ausländischer Hilfe bei Assuan einen gigantischen Staudamm. Der 1971 fertiggestellte Sadd-el-Ali-Hochdamm hat einen riesigen See geschaffen: den Nassersee. Er ist rund zehnmal größer als der Bodensee. Alles Nilwasser wird hier aufgefangen – auch das nährstoffreiche, schlammhaltige Hochwasser. Hauptziel des Dammbaus war es, die landwirtschaftlichen Erträge Ägyptens um mindestens ein Drittel zu steigern. Aus über 5000 km² Wüstenland wurden Ackerflächen.

Dürrezeiten und Überschwemmungen im Niltal gehören heute der Vergangenheit an. Die Felder sind nun ganzjährig bewässert und die Bauern können zwei- bis dreimal im Jahr ernten. Selbst Reis oder Zuckerrohr, die viel Wasser brauchen, können angebaut werden.

Aus einem Kraftwerk beim Staudamm wird elektrischer Strom gewonnen. Die Turbinen werden vom aufgestauten Nilwasser angetrieben. Neue Industriewerke konnten angesiedelt werden. Viele Dörfer im Niltal wurden an das neue Stromnetz angeschlossen.

Der Sadd-el-Ali-Hochdamm in Zahlen	
Bauzeit	1960 - 1971
Dammlänge	5 km
Sohlenbreite	980 m
Dammhöhe	111 m
Stauseelänge	550 km

2: Der Hochdamm bei Assuan

Der Dammbau brachte aber auch Nachteile. Da der fruchtbare Schlamm nun auf den Feldern fehlt, müssen die Bauern teuren Handelsdünger kaufen. Außerdem kommt es durch die ganzjährige Bewässerung zu einer **Bodenversalzung**. Wird sehr viel Wasser auf den Boden gebracht, wird das dort vorhandene Salz gelöst. Die Sonnenhitze zieht das Wasser an die Erdoberfläche. Es verdunstet. Das Salz bleibt zurück. Früher wurde es durch das Nilhochwasser weggeschwemmt, heute bleibt es liegen. Nutzpflanzen wachsen dann nicht mehr.

Früher wuchs das **Delta**, das Mündungsgebiet des Nils, durch die Schlammablagerungen ständig ins Meer hinaus. Heute dagegen nagen die Wellen des Mittelmeeres am Delta und schwemmen den Boden ins Meer hinaus.

Aufgaben

2. Früher wuchs das Nildelta ständig ins Meer hinaus. Heute weicht die Küstenlinie jährlich bis zu 30 m Meter zurück. Erkläre.

3. Ordne in Abb. 3 die Textabschnitte a) bis g) den Bildern 1 bis 7 zu.

4. Wie bewertest du den Nutzen des Assuan-Staudammes für die Menschen?

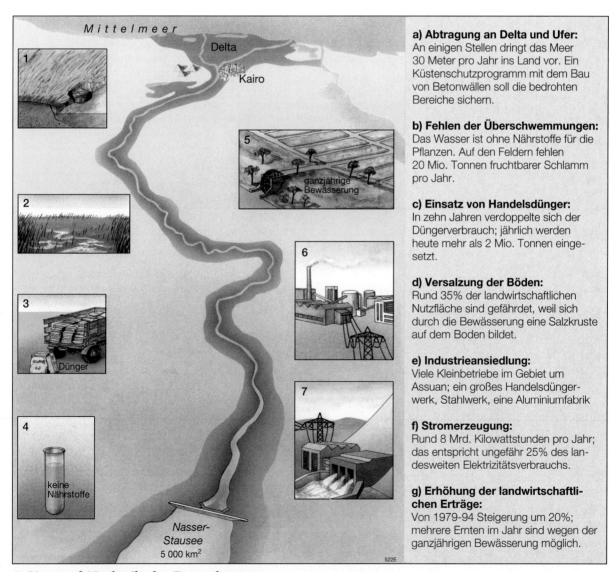

a) Abtragung an Delta und Ufer:
An einigen Stellen dringt das Meer 30 Meter pro Jahr ins Land vor. Ein Küstenschutzprogramm mit dem Bau von Betonwällen soll die bedrohten Bereiche sichern.

b) Fehlen der Überschwemmungen:
Das Wasser ist ohne Nährstoffe für die Pflanzen. Auf den Feldern fehlen 20 Mio. Tonnen fruchtbarer Schlamm pro Jahr.

c) Einsatz von Handelsdünger:
In zehn Jahren verdoppelte sich der Düngerverbrauch; jährlich werden heute mehr als 2 Mio. Tonnen eingesetzt.

d) Versalzung der Böden:
Rund 35% der landwirtschaftlichen Nutzfläche sind gefährdet, weil sich durch die Bewässerung eine Salzkruste auf dem Boden bildet.

e) Industrieansiedlung:
Viele Kleinbetriebe im Gebiet um Assuan; ein großes Handelsdüngerwerk, Stahlwerk, eine Aluminiumfabrik

f) Stromerzeugung:
Rund 8 Mrd. Kilowattstunden pro Jahr; das entspricht ungefähr 25% des landesweiten Elektrizitätsverbrauchs.

g) Erhöhung der landwirtschaftlichen Erträge:
Von 1979-94 Steigerung um 20%; mehrere Ernten im Jahr sind wegen der ganzjährigen Bewässerung möglich.

3: *Vor- und Nachteile des Dammbaus*

Aufgaben

1. Beschreibe die Vorgänge „Abschuppung" und „Salzsprengung".

2. Zeichne nach Abb. 1 eine Skizze, die die Salzsprengung erklärt. Die Abbildung aus Sabines Naturführer kann dir als Vorlage dienen.

Ein Knall wie ein Pistolenschuss

Gemächlich fährt der Geländewagen durch die Wüste. Klaus und Sabine sind von Segedin nach Djanet unterwegs. Da plötzlich, ganz in der Nähe ein ohrenbetäubender Knall! Am Rand der Piste ist ein riesiger Stein zerborsten. Sabine hält abrupt an. Beide steigen aus. Klaus ist noch ganz erschrocken und schaut ungläubig: „Das ist doch nicht möglich!" Sabine widerspricht. Sie liest aus ihrem Naturführer vor:

Abschuppung und Salzsprengung

Am Tag heizen die Sonnenstrahlen das Gestein auf über 70° C auf. In der Nacht entweicht die Hitze wieder in den Weltraum. Eine Gesteinsplatte von 1 m² zieht sich um etwa 10 cm² zusammen, wenn sie sich von 70° auf 20° C abkühlt. Beim Erhitzen dehnt sie sich wieder aus. So entstehen Risse und Spalten im Gestein. Allerdings dringen die Sonnenstrahlen meistens nur wenige Zentimeter ins Gestein ein. Daher kommt es zum Ablösen von Bruchstücken. Das nennt man Abschuppung.

Wenn sich einzelne Risse erweitern, können die Sonnenstrahlen tiefer eindringen. Sie ziehen noch kleinste Feuchtigkeitsmengen, die im Gestein sind, heraus. Nachts sammelt sich in den Rissen Tau. Er enthält Salze. Am Tag zieht die Sonne die Feuchtigkeit aus dem Gestein wieder heraus. Sie verdunstet. Die Salze bleiben zurück. Kommen die Salze mit Feuchtigkeit in Berührung, dehnen sie sich aus. Durch die ständige Wiederholung bilden sich immer mehr Salze. Es entsteht ein hoher Druck auf das Gestein. Wird der Druck zu stark, kann selbst ein großer Stein mit einem Knall plötzlich zerbersten. Das nennt man Salzsprengung.

Diagramm:
Tag — Sonnenstrahlen
Nacht — Tau — Tau
Abschuppung
Salzsprengung
1927 E

Gestein
aufsteigende Feuchtigkeit
Salze
Druck

1: Klaus in dem zerborstenen Stein

2: *Eine Wüste in den USA – wie heißt sie?*

Wüstentypen

Je nach Lage unterscheidet man:

– Wendekreiswüsten; das sind heiße Wüsten im Bereich der Wendekreise wie die Sahara.

– Küstenwüsten; das sind heiße Wüsten an den Westseiten der Kontinente; kalte Meeresströmungen bewirken, dass sich die Wolken vor der Küste abregnen.

– Binnenwüsten; das sind Wüsten im Inneren der Kontinente, die im „Regenschatten" von Gebirgen liegen; viele dieser Wüsten sind kalt.

Die Wüsten der Erde

Alle Wüsten der Erde sind durch Wassermangel und fehlenden Pflanzenwuchs gekennzeichnet. Sie sind siedlungsfeindlich. Ihre Pflanzendecke ist so gering, dass sie selbst für umherziehende Viehzüchter keine ausreichende Lebensgrundlage bieten.

Aufgabe

3. Finde die Namen der Wüsten 1–10, der zehn Städte sowie der Flüsse a–i (Abb. 3) mithilfe der Kontinentkarten im Atlas zum Thema Landwirtschaft.

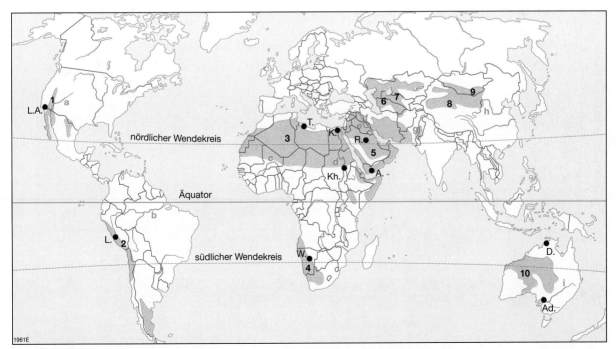

3: *Übungskarte: Wüsten der Erde*

Auch für „Wüstenfüchse" schwer zu knacken!

Übertrage dieses Schema auf ein Rechenblatt oder lege
Transparentpapier auf diese Seite.
Im roten Rahmen findest du das Lösungswort.

1.
2.
3.
4.
5.
6.
7.
8.
9.
10.
11.
12.
13.
14.
15.

Ü = UE

1. Fluss in der Wüste, der Wasser führt, weil seine Quelle in einem regenreichen Gebiet liegt
2. Große Wüste in Nordafrika
3. Wüstenart, die hauptsächlich aus Geröll besteht
4. Wüstenart, die einem Sandmeer gleicht
5. Menschen, die ständig mit ihren Herden auf Wanderschaft sind
6. Trockental in der Wüste
7. Küstenwüste an der Westseite von Südamerika
8. „Grüne Insel" in der Wüste
9. Wüstenart, die besonders menschenfeindlich ist
10. Wichtigste Oasenpflanze
11. Bei ganzjähriger Dauerbewässerung kommt es zu einer Bo...
12. Oase, die entlang eines fließenden Gewässers verläuft
13. Bleibt zurück, wenn Tau in Gesteinsrissen in der Sonne verdunstet.
14. Salzsee in der Wüste
15. Flussmündung mit einem Netz von Flussarmen

8285E

Silbenrätsel aus der Wüste

Auf den Decken der Kamele findest du die Silben von sechs Wörtern aus dem Themenbereich Wüste. Was gesucht ist, steht auf der Düne.

1. Größte Wüste der Erde
2. Wasserstelle in der Wüste
3. Nomadenstamm in der Sahara
4. „Behausung" der Wüstenbewohner
5. Beruf von Tatrits Bruder
6. Meist verbreitete Wüstenart

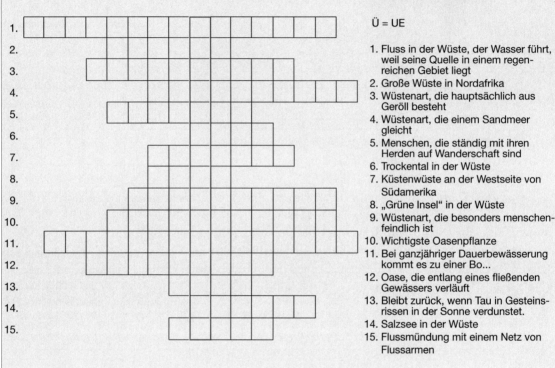

Naturraum Wüste / Oasen

Eine Wüste ist ein Trockengebiet. Sie erhält kaum Niederschläge. Die Sahara ist die größte Wüste der Erde. Man unterscheidet Sandwüsten, Kieswüsten und Felswüsten.
Oasen sind grüne Inseln in der Wüste. Hier wird das Grundwasser für den Anbau genutzt. Die Oasenbauern betreiben Bewässerungsfeldbau. Die wichtigste Oasenpflanze ist die Dattelpalme. Vor einigen Jahren wurden tief unter der Sahara riesige Wasservorräte entdeckt. Sie dienen ebenfalls der Bewässerung.

Nomaden / Die Wüste im Wandel

Nomaden, wie die Tuareg, leben in den Gebieten am Südrand der Sahara von der Viehzucht. Sie ziehen von Weideplatz zu Weideplatz. Heute hat sich die Lebensweise vieler Wüstenbewohner verändert. Um 1960 wurden im Norden der Sahara große Erdöl- und Erdgaslager entdeckt. Seitdem arbeiten zahlreiche Nomaden und Oasenbauern auf den Ölfeldern. Einige Oasen sind verfallen. Andere ändern ihre Wirtschaftsweise. Der Tourismus bringt neue Einnahmen.

Wasser für Ägypten

Der Bau des Hochdamms bei Assuan, der den Nil aufstaut, brachte Vorteile und Nachteile für das Land. Die Ernteerträge wurden erhöht, Strom wird gewonnen und Industrien siedelten sich an. Handelsdünger muss jetzt in der Landwirtschaft eingesetzt werden, die Böden versalzen und am Nildelta kommt es zur Abtragung.

Felsen zerbersten

Abschuppung und Salzsprengung von Gesteinen kommen häufig in den Wüsten der Erde vor. Ursache für beide Vorgänge sind die großen Temperaturunterschiede zwischen Tag und Nacht. Bei der Abschuppung lösen sich die äußeren Teile vom Gestein. Bei der Salzsprengung bilden sich in feinen Gesteinsrissen durch die Verdunstung Salze. Kommen diese wieder mit Tau in Berührung, vergrößern sie sich und üben Druck auf das Gestein aus. Ist der Druck in der Gesteinsspalte zu stark, kann selbst ein großer Stein mit einem Knall zerspringen.

Wüsten weltweit

Einige Wüsten liegen auf einem Gürtel entlang der Wendekreise (Wendekreiswüsten). Küstenwüsten befinden sich auf den Westseiten der Kontinente an den Küsten der großen Ozeane. Binnenwüsten liegen außerhalb der Wendekreise. Es sind häufig kalte Wüsten. Im Winter ist der Boden oft dauernd gefroren.

Grundbegriffe

Wüste
Sandwüste
Kieswüste
Felswüste
Wadi
Schott
Oase
Dattelpalme
Grundwasseroase
Nomade
Flussoase
Fremdlingsfluss
Bodenversalzung
Delta

Siedlung an der Westküste Grönlands

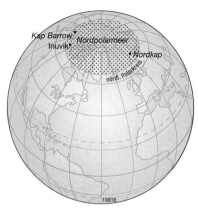

1: Nordpolargebiet (Arktis)

Zum Vergleich:

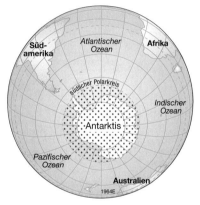

2: Südpolargebiet (Antarktis)

Leben mit Kälte und Dunkelheit

Inuvik/Nordkanada, 15. Januar: Nach über zwei Monaten taucht am Horizont wieder die Sonne auf. 48 Tage lang brannten auch tagsüber die Straßenlaternen. Die Kleinstadt Inuvik liegt im Nordpolargebiet, in der **Arktis**.

Von Ende November bis Mitte Januar herrscht hier nördlich des Polarkreises die **Polarnacht**. Es ist die Zeit ohne Sonnenlicht. Die Temperaturen sinken dann auf -50° C. Mit jedem Tag nach der langen Polarnacht wird es etwas heller und wärmer.

Ab Mitte Mai geht die Sonne auch nachts für etwa zwei Monate nicht unter. Der **Polartag** beginnt. Die Temperatur steigt auf über 15° C und alles beginnt zu blühen. In der kurzen Sommerzeit ist die Küste eisfrei. Nur große Eisberge treiben noch auf dem offenen Nordpolarmeer. Im Hafen von Inuvik herrscht reges Treiben. Versorgungsschiffe mit Lebensmitteln, Brennstoffen, Bekleidung und Haushaltsgegenständen werden entladen.

Ab Mitte Juli bestimmt der Wechsel von Tag und Nacht das Leben in Inuvik. Die Nächte werden länger, die Tage werden kürzer. Bald setzen die ersten Schneefälle ein und ab Ende November beherrscht wieder die Dunkelheit der Polarnacht das Leben.

Je weiter nördlich des Polarkreises noch Menschen leben, desto länger ist für sie die Dauer von Polartag und Polarnacht. Für diejenigen, die in dieser Region der Erde nicht aufgewachsen sind, ist besonders die Zeit der Polarnacht eine große Belastung. Das monatelange Leben mit der Dunkelheit bringt sie oft aus dem Gleichgewicht.

3: Tageslauf der Sonne im Juni im Nordpolargebiet

4: Inuvik in Nordkanada

Aufgaben

1. Beschreibe und erkläre die Naturerscheinungen Polartag und Polarnacht (Text, Abb. 3 und 5).

2. Die Dauer von Polartag und Polarnacht hängt davon ab, wie weit man vom Polarkreis entfernt ist (Abb. 5). Suche die Orte aus Abb. 5 im Atlas und stelle fest, wie weit sie vom nördlichen Polarkreis entfernt sind.

3. Vergleiche die Durchschnittstemperaturen von Inuvik und Frankfurt (Seite 131 Abb. 3): In welchem Monat weichen sie am stärksten ab und um wie viel Grad?

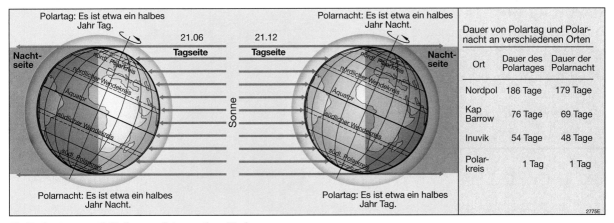

Polartag: Es ist etwa ein halbes Jahr Tag.

Polarnacht: Es ist etwa ein halbes Jahr Nacht.

21.06

Tagseite

Nachtseite

nördl. Polarkreis
nördlicher Wendekreis
Äquator
südlicher Wendekreis
südl. Polarkreis

Polarnacht: Es ist etwa ein halbes Jahr Nacht.

21.12

Tagseite

Nachtseite

nördl. Polarkreis
nördlicher Wendekreis
Äquator
südlicher Wendekreis
südl. Polarkreis

Polartag: Es ist etwa ein halbes Jahr Tag.

Sonne

Dauer von Polartag und Polarnacht an verschiedenen Orten		
Ort	Dauer des Polartages	Dauer der Polarnacht
Nordpol	186 Tage	179 Tage
Kap Barrow	76 Tage	69 Tage
Inuvik	54 Tage	48 Tage
Polarkreis	1 Tag	1 Tag

2775E

5: Polartag und Polarnacht an den Polen

129

1: Der Iglu – Haus während der Jagdzeit

2: Lebensraum der Inuit

Warum die Inuit keine „Eskimos" sein wollen

Für die Inuit ist der Begriff „Eskimo" ein Schimpfwort. In ihrer Sprache bedeutet er nämlich „Rohfleischesser".

Nur in Zeiten, in denen die Inuit kein Brennmaterial zum Kochen hatten, aßen sie auch rohes Fleisch. Das Wort „Inuit" heißt übersetzt „Menschen".

Inuit – Jäger der Arktis

Der äußerste Norden des amerikanischen Kontinents zwischen Alaska und Grönland ist der Lebensraum der **Inuit**. Früher wurden sie bei uns Eskimos genannt.

Ein kleiner Teil der Inuit lebt noch so wie seine Vorfahren als **Selbstversorger**. Das heißt, es wird nahezu alles, was zum Leben benötigt wird, selbst erzeugt. Diese Inuit sind Jäger und wohnen in den „Outpost-Camps". Das sind kleine Siedlungen von selten mehr als zehn Häusern. Eine Schule gibt es hier nicht. Zur Jagdbeute zählen Robben, Fische, Eisbären, Walrosse und Karibus, die wilden Rentiere Nordamerikas. Die Söhne der Inuit werden ab dem sechsten Lebensjahr von ihren Vätern auf die Jagd mitgenommen. Diese dauert manchmal Wochen. Währenddessen lernen die Mädchen das Anfertigen von Kleidungsstücken aus Fellen und Tierhäuten.

Für die große Mehrheit der Inuit hat sich seit 100 Jahren das Leben einschneidend geändert. Walfangschiffe und weiße Pelzjäger drangen in ihren Lebensraum ein. Die Zahl der Beutetiere ging stark zurück und manche Tierart wie der Eisbär oder Polarfuchs war vom Aussterben bedroht.

Damit die Inuit-Familien überleben konnten, griff die kanadische Regierung ein. Die Menschen wurden in neu gebauten Dörfern an der Küste der Hudsonbai und der Beaufortsee angesiedelt. Zur Jagd werden nicht mehr Hundeschlitten, sondern Motorschlitten benutzt.

Monat	J	F	M	A	M	J	J	A	S	O	N	D
Durchschnittstemperturen (°C) von Inuvik und Frankfurt	-14	-14	-13	-8	1	6	8	7	3	-4	-8	-11
	0	1	5	9	14	17	19	18	15	9	5	1
Wohnverhältnisse	feste Hütten aus Torf und Stein oder Holzhäuser an der Küste											
	Iglu auf Wanderungen				Zelte auf Wanderungen					Iglu auf Wanderungen		
Fischerei, Robbenfang	Heilbutt				Heilbutt und Dorsch							
	Robbenfang mit Netzen vom Eis aus				Robben- und Walfang im offenen Wasser				Robbenfang vom Eis aus			
Jagd	Polarfuchs				Rentiere, Moschusochsen, Vögel (z.B. Schneehühner)							
Verkehrsmittel	Hundeschlitten				Kajak					Hundeschlitten			
Lichtverhältnisse	Polarnacht	Wechsel von Tag und Nacht		Polartag (Mitternachtssonne)				Wechsel von Tag und Nacht		Polarnacht	
Eisverhältnisse	Packeis			Treibeis	offenes Wasser			Treibeis		Packeis		

8287E

3: *Lebensbedingungen der Inuit-Jäger im Jahresverlauf*

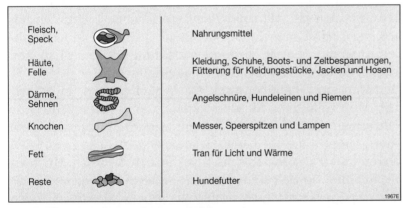

Fleisch, Speck	Nahrungsmittel
Häute, Felle	Kleidung, Schuhe, Boots- und Zeltbespannungen, Fütterung für Kleidungsstücke, Jacken und Hosen
Därme, Sehnen	Angelschnüre, Hundeleinen und Riemen
Knochen	Messer, Speerspitzen und Lampen
Fett	Tran für Licht und Wärme
Reste	Hundefutter

1967E

4: *Verwertung einer erlegten Robbe*

5: *Mit dem Motorschlitten auf dem Weg zur Disko*

Aufgaben

1. Berichte über das Leben der Inuit. Denke dabei an die Erziehung von Jungen und Mädchen, das Wohnen und die Lebensbedingungen.

2. Beschreibe die Bauweise eines Iglus (Abb. 1). Für welche Zwecke wird er errichtet?

3. Wie läuft das Leben eines Inuit-Jägers ab (Abb. 3)?

4. Erkläre mithilfe von Abb. 3 und 4 den Begriff Selbstversorger.

5. Aus welchen Gründen wurden die Inuit zu Beginn des 20. Jahrhunderts aus ihrem Lebensraum vertrieben?

131

Die Inuit früher und heute

Aufgaben

1. Die Inuit-Siedlung Nanasivik liegt im Norden der Baffin-Insel. Ermittle mithilfe des Atlas, ob es von dort näher zum Nordpol oder nach Montreal ist (Atlas, Karte: Amerika – physische Übersicht).

2. Beschreibe die Wohn- und Arbeitsbedingungen der kanadischen Inuit.

3. Die Häuser in Nanasivik bestehen aus vorgefertigten Teilen. Nenne Vor- und Nachteile dieser Bauweise (Abb. 1).

Die Inuit im Fertighaus

1: Häuser in Nanasivik auf der Baffin-Insel

Nanasivik ist eine der zahlreichen Siedlungen, die von der kanadischen Regierung rund um die Hudsonbai gebaut wurden. Die Häuser sehen fast alle gleich aus. Sie bestehen aus vorgefertigten Teilen und konnten in wenigen Tagen aufgestellt werden. Die meisten sind rund 70 m² groß, haben Licht, Zentralheizungen und manchmal Satelliten-Antennen. In den größeren Siedlungen, in denen einige hundert Inuit-Familien leben, gibt es eine Schule und einen Supermarkt.

Die Menschen hier benutzen als Verkehrsmittel im Winter den Motorschlitten, Ski-doo genannt, und allradgetriebene Fahrzeuge. Ihre Kleidung besteht aus Daunenjacken und Thermohosen, die im Laden gekauft werden. Die benötigten Waren liefert der kanadische Staat in den eisfreien Monaten mit Schiffen. In den Inuit-Siedlungen leben nur wenige junge Männer. Viele von ihnen sind in die großen Städte im Süden Kanadas abgewandert.

Arbeitsmöglichkeiten der Inuit heute

Nur wenige Inuit, die in den neu erstellten Siedlungen leben, haben eine geregelte Arbeit. Die meisten sind auf die Unterstützung durch die Regierung angewiesen. Dauerhafte Arbeitsplätze bieten nur die Fischfabriken an der Hudsonbai. In den Sommermonaten gibt es die Möglichkeit, auf Fischkuttern Arbeit zu bekommen. Dann finden auch ein paar Dutzend Inuit eine Beschäftigung im Hafen von Churchill, weil Hilfskräfte zum Entladen der Versorgungsschiffe gebraucht werden.

Andere Inuit verdienen sich einige Dollars als Jagdführer von Touristen oder als Begleiter von Reisegruppen, die Eisbären und andere Tiere im arktischen Eis fotografieren wollen.

2: Inuit vor ihrem Haus

I Die Zukunft der Antarktis

Ein Kontinent auf dem Verhandlungstisch

Süddeutsche Zeitung v. 29.11.1990

NATURPARK ODER AUSBEUTUNG

Um die Antarktis wird gnadenlos gepokert

Australien Kurier 4/1990

Schutzabkommen verbietet Ausbeutung der Antarktis für 50 Jahre

Australien Kurier 2/1998

Wale bekommen ihre Schutzzone

Rhein-Zeitung v. 17.5.94

3: Schlagzeilen über die Zukunft der Antarktis

Der Streit um die Antarktis

Sieben Staaten haben in der ersten Hälfte dieses Jahrhunderts Ansprüche auf weite Teile der **Antarktis** erhoben. Mit dem Antarktisvertrag wurden diese Forderungen vorläufig „auf Eis" gelegt. Doch ist diese Entscheidung endgültig? 1998 ist das (1991 beschlossene) Abkommen in Kraft getreten den Bergbau auf dem siebenten Kontinent bis zum Jahr 2041 zu verbieten. Werden aber nicht spätestens dann die Industrieländer die Bodenschätze unter dem ewigen Eis entnehmen, wenn anderswo die Rohstoffe ausgehen? Soll die Antarktis nur diese letzte Gnadenfrist bekommen? Oder soll der Eiskontinent künftig als riesiger Naturpark unter Schutz gestellt bleiben?

Gruppenarbeit

Ihr könnt die Themen I–III und die Aufgaben hierzu in Gruppen bearbeiten. Jede Gruppe stellt der ganzen Klasse dann ihre Ergebnisse vor. Eine Diskussion über die Zukunft der Antarktis kann das Projekt abschließen.

Aufgaben

1. Erstelle einen geographischen Steckbrief zur Antarktis: Lage, Größe, Gebirge, Meere, Nachbarkontinente (Atlas, Karte: Südpolargebiet).

2. Wer stellt Gebietsansprüche an die Antarktis und warum?

3. Der Antarktisvertrag soll die Antarktis schützen (Abb. 4).
a) Nenne zwei Abkommen zum Schutz der Tierwelt.
b) Welche Bedeutung hat das Zusatzprotokoll zum Antarktisvertrag von 1991?

Antarktisvertrag

(Unterzeichnung am 1. Dezember 1959 in Washington D. C. seit 23. Juni 1961 in Kraft)

Unterzeichnerstaaten:
Argentinien, Australien, Chile, Frankreich, Großbritannien, Neuseeland, Norwegen (Staaten mit Gebietsansprüchen in der Antarktis).
Belgien, Japan, Republik Südafrika, Sowjetunion (heute Russland), USA.
Dem Vertrag beigetreten: Brasilien, Deutschland, China, Indien, Italien, Polen, Uruguay.
Hinzu kommen 18 Beobachter.
Vertragsbestimmungen:
Gebietsansprüche werden „eingefroren". Eine friedliche Forschung ist möglich.
Die Antarktis bleibt frei von Waffen (Atomversuche und Atommüll-Lagerung verboten).

Abkommen/Aktivitäten:
Abkommen zur Bewahrung der Tier- und Pflanzenwelt durch Schutzzonen und Artenschutz (1964), Robbenschutzabkommen (1978), Übereinkunft zum Schutz der Lebewesen im Meer: Fischfangquoten, Walfang (1982), erstes Abkommen über die Ausbeutung von Bodenschätzen in der Antarktis (CRAMRA-Abkommen) (1988).
Zusatzabkommen zum Antarktisvertrag: Beschluss der Vertragsstaaten bis zum Jahre 2041 keinen Rohstoffabbau vorzunehmen (1991), Walfangabkommen: Schutzzone für Wale im antarktischen Meer und Südpazifik (1994).

4: Der Antarktisvertrag

Aufgaben

1. Welche Bodenschätze sind in der Antarktis nachgewiesen worden (Abb. 2)?

2. Beurteile die Bedeutung der Erdgas-reserven der Antarktis (Abb. 1).

3. Beschreibe den Querschnitt durch die Antarktis (Abb. 3) und beurteile die mögliche Rohstoffentnahme unter dem Eis.

II   Bodenschätze

Antarktische Bodenschätze – Vermutungen und Kenntnisse

In der Antarktis werden etwa 900 Lagerstätten von Boden-schätzen vermutet.

Auf die eisfreien Küstengebiete, die nur zwei Prozent des Ge-samtgebietes ausmachen, entfallen dabei nur 20 Lagerstätten. Die wenigsten dieser Vorkommen sind jedoch so groß, dass sich ein Abbau zur Zeit lohnt. Zu den ergiebigsten Lagerstät-ten zählen die Eisenerze in den Prince Charles Mountains und die Kohle im Transantarktischen Gebirge. Doch hohe Er-schließungs- und Transportkosten machen den Abbau unwirt-schaftlich.

 Kontinent Gondwana

Vor ca. 200 Millionen Jahren bildete die Antarktis zusammen mit Australien, Südamerika, In-dien und Afrika den Urkontinent „Gondwana". Erst danach bra-chen die heutigen Kontinente auseinander. Daher vermutet man in der Antarktis Boden-schätze wie in den angrenzen-den Erdteilen.

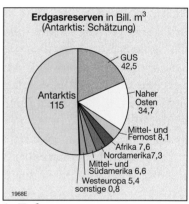

1: Erdgasreserven

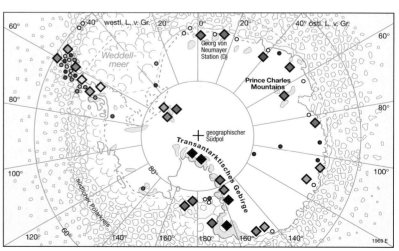

2: Forschungsstationen und nachgewiesene Bodenschätze in der Antarktis

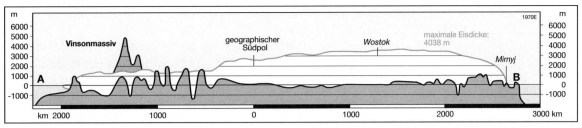

3: Querschnitt durch die Antarktis

Bohren und Sprengen in Eis und Kälte

Bevor die antarktischen Bodenschätze gehoben werden können, braucht man Daten zu den Abbaumengen, Abbautiefen, dem Erzgehalt und den Flözstärken.

Zu den bergbaulichen Voruntersuchungen gehören Bohrungen und Sprengungen im Eis. Sie ermöglichen den Geologen einen Blick unter die

Kilometer dicke Eisdecke, hinab in die Erdkruste. Aber noch widersteht der antarktische Eispanzer einer Suche nach Rohstoffen. Obwohl das Eis ein fester Körper zu sein scheint, sind die Gletscher in Bewegung. Daher werden Bohrschächte und Gestänge vom zäh fließenden Eis zerdrückt und verschoben.

III   Lebensräume

Leben in Zeitlupe

Der antarktische Kontinent und die ihn umgebenden Meere bilden einen zerbrechlichen, unvergleichlichen Lebensraum. Einmalige Tier- und Pflanzenarten gedeihen in einer Welt aus Fels, Eis, Wasser und Wind. Wegen der Kälte laufen organische Vorgänge unvorstellbar langsam ab. Ein Fußtritt hinterlässt seine Spur für zehn, vielleicht zwanzig Jahre in einem Moospolster. Eine weggeworfene Bananenschale benötigt sogar 100 Jahre bis zum völligen biologischen Abbau.

(nach Greenpeace-Info: Antarktis – das bedrohte Paradies. Hamburg 1990)

Krill – Lebensgrundlage der antarktischen Tierwelt

Zwischen dem 50. und 60. Grad südlicher Breite mischt sich das kalte, sauerstoffreiche Wasser des Südpolarmeeres mit den wärmeren, nährstoffreichen Wassermassen der polwärts strömenden Weltmeere. Sauerstoff und Nährstoffe bilden zusammen den idealen „Nährboden" für mikroskopisch kleine Lebewesen, das Plankton. Plankton und Algen ernähren den **Krill**. Das sind etwa sechs bis acht Zentimeter kleine Krebse. Der Krill ist die Hauptnahrung der Wale. Plankton, Krill und Wal bilden eine kurze, geschlossene **Nahrungskette**.
Jedes „Abfischen" von Krillbeständen durch den Menschen wirkt sich zwangsläufig auf die gesamte antarktische Tierwelt negativ aus, denn auch Robben, Fische, Pinguine und andere Vögel leben vom Krill.

Ein Kontinent der Superlative – Die Antarktis ist …

- der am dünnsten besiedelte Kontinent. Nur etwa 4000 Menschen leben hier.
- der unzugänglichste Kontinent. Er ist umgeben von den rauesten Meeren.
- der kälteste Kontinent. Hier wurde am 21. Juni 1983 an der russischen Forschungsstation „Wostok" die tiefste Temperatur der Erde gemessen: -89,2° C.
- das größte Süßwasserreservoir der Erde.
- der stürmischste Kontinent der Erde mit Windgeschwindigkeiten bis zu 300 km/h.
- der lebensfeindlichste Kontinent. Pflanzen und Tiere gibt es nur im Küstenbereich.

Aufgaben

1. Erläutere die Klima- und Lebensbedingungen in der Antarktis. Schreibe einen kurzen Text.

2. Begründe, warum das Leben in der Antarktis „in Zeitlupe" verläuft.

Mehr als einmal bin ich von den großen Eisgefilden zurückgekommen, zerschlagen und verbraucht. Aber es vergingen immer nur wenige Monate, bis das alte Gefühl über mich kam. Ich sehnte mich nach der großen, weiten Eiswüste, den Kämpfen mit dem Eis und dem Sturm, der Handvoll von seltsamen aber treuen Inuit, dem Schweigen und der Unermesslichkeit des Nordens. Zuletzt wurde mein jahrelanger Traum Wirklichkeit.

1: Aus Pearys Aufzeichnungen

Aufgaben

1. Ermittle mithilfe der Maßstabsleiste in Abb. 2, welche Strecke Peary auf Hundeschlitten bis zum Nordpol zurücklegte.

2. Liste die Staaten auf, die einen Anteil an der Arktis haben (Atlas, Karte: Polargebiete).

3. Berichte mithilfe eines Lexikons über den Polarforscher Fridjof Nansen.

Forschungsreisen in die Arktis

Seit mehr als einhundert Jahren beschäftigen sich Forscher mit der Region des ewigen Eises am Nordpol. Immer wieder versuchten Wagemutige sich Wege durch das Eis zu bahnen.
Einer dieser Forscher war der Amerikaner Robert E. Peary. Er glaubte der erste Mensch gewesen zu sein, der zusammen mit vier Inuit den Nordpol erreicht hatte.

Ausgangspunkt für seine Expedition zum Nordpol war die kleine Siedlung Etah an der Nordwestküste von Grönland. 1908 ging er mit 49 Inuit und 246 Schlittenhunden an Bord der „Roosevelt". Das Schiff war so stabil gebaut, dass es auch im arktischen Winter von den Eismassen nicht zerdrückt wurde. Ende Februar erreichte Peary mit seiner Mannschaft Kap Columbia auf der Ellesmere-Insel. Das war der nördlichste Punkt der Schiffsreise.

Ab hier ging es weiter mit vier Hundeschlitten und 40 Huskies. Sie mussten noch 750 Kilometer über das Eis der Arktis bis zum Nordpol bewältigen. Entlang der Strecke legten die Inuit Vorratslager für den Rückweg an. Am 6. April 1909 war der Nordpol erreicht. Bei eisigen Winden wurden die Messungen zur Standortbestimmung durchgeführt. Zurück in Etah berichteten Inuit, dass der Amerikaner Frederick A. Cook bereits ein Jahr vor Peary am Nordpol gewesen sein sollte. Aber das ist nie bewiesen worden.

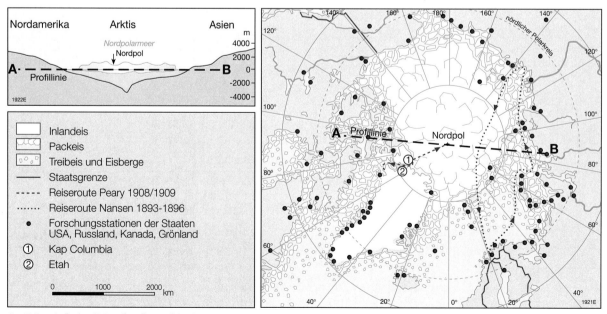

2: Die Arktis (Nordpolargebiet)

3: Scott und seine Begleiter auf dem Weg zum Südpol

Donnerstag, 18. Januar 1912: Lager 68, Höhe 2970 Meter. Das Furchtbare ist eingetreten. Ein natürliches Schneegebilde war das nicht, sondern eine schwarze, an einem Schlittenständer befestigte Fahne. In der Nähe ein verlassener Lagerplatz, Schlittengleise, Schneeschuhspuren, deutlich erkennbare Eindrücke von Hundespuren. Die Norweger sind uns zuvorgekommen. – Amundsen ist der Erste am Pol!

4: Auszug aus Scotts Tagebuch

Wettlauf in der Antarktis

Um die Jahreswende 1911/12 wollten zwei Menschen als erste den Südpol erreichen: der Norweger Amundsen und der Brite Scott.

Während Amundsen für seine Expedition Hundeschlitten wählte, vertraute Scott der Technik. Mit eigens entwickelten Motorschlitten wollte er schneller sein. Seine Fahrzeuge jedoch versagten in der Kälte. Die Schlitten mit Vorräten und Ausrüstung waren schwer. Die wenigen Hunde reichten zum Ziehen nicht aus. Scott und seine Begleiter mussten mit anpacken. Sie erreichten den Südpol erst 34 Tage nach Amundsen. Auf dem Rückweg starben Scott und seine drei Begleiter an Entkräftung – ohne Nahrungsmittel und Brennmaterial – 18 Kilometer vom rettenden Vorratslager entfernt.

Aufgabe

4. Scott brach am 1. 11. 1911 vom ersten Lager im Südpolargebiet zum Südpol auf und erreichte sein rund 1300 km entferntes Ziel am 18. 1. 1912.
a) Wie viele Tage war er unterwegs?
b) Berechne, welche Strecke er im Durchschnitt täglich zurücklegte.
c) Warum wählte er für seinen Aufbruch den Monat November?

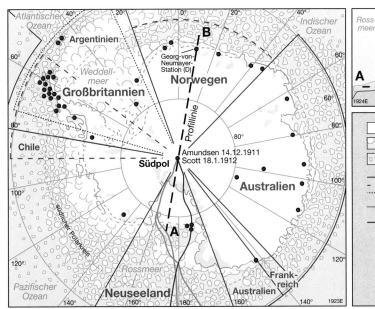

5: Die Antarktis (Südpolargebiet)

Wir prüfen unser Wissen

Inuvik	J	F	M	A	M	J	J	A	S	O	N	D
°C	-14	-14	-13	-8	1	6	8	7	3	-4	-8	-11

1. Beschreibe die Lage von Inuvik.

2. Erstelle auf Millimeterpapier ein Temperaturdiagramm von Inuvik. Ergänze darunter die unten vorgezeichnete Tabelle, die du mit folgenden Begriffen füllen sollst: Polarnacht, Hundeschlitten, Iglu, Kajak, offenes Wasser, Packeis, Treibeis, Polartag, Zelt.

Achtung: Manche Begriffe müssen zweimal eingesetzt werden!

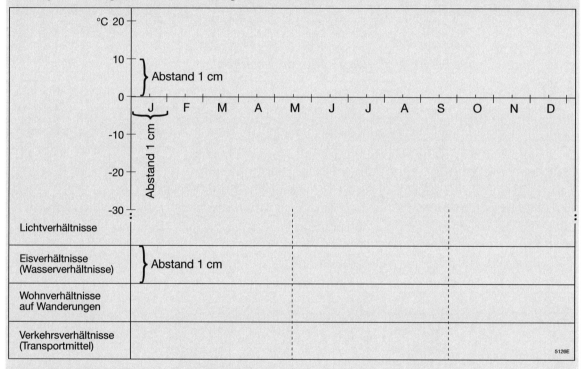

3. Auf den Decken der Schlittenhunde befinden sich die Silben von sechs Begriffen, die alle mit den Polargebieten zu tun haben. Welche Begriffe gesucht sind, steht auf dem Schlitten.

1. Nordpolargebiet
2. Südpolargebiet
3. Bewohner des Nordpolargebietes
4. „Eishütte"
5. Heute oft benutztes Verkehrsmittel
6. Schlittenhund

Naturbedingungen in der Arktis

Auf der Nord- und auf der Südhalbkugel der Erde gibt es zwischen Polarkreis und Pol die Polarzonen: die Arktis und die Antarktis. Dort treten die Naturerscheinungen Polartag und Polarnacht auf.

Die Polarnacht ist eine Zeit ohne Sonnenlicht. Während des Polartages dagegen ist das Sonnenlicht 24 Stunden lang, also Tag und Nacht, vorhanden. Die Länge von Polartag und Polarnacht richtet sich danach, wie weit ein Ort vom Pol entfernt liegt. Am Polarkreis dauern Polartag und Polarnacht nur 24 Stunden, an den Polen jeweils ein halbes Jahr.

Die Inuit früher und heute

Lebensraum der Inuit sind die arktischen Regionen von Kanada und Grönland. Nur ein kleiner Teil von ihnen lebt noch wie in früheren Zeiten als Jäger mit fester Station in einem Outpost-Camp. Während der Jagd wohnen sie in Iglus und Zelten. Diese Inuit-Familien sind noch Selbstversorger.

Die Mehrzahl der Inuit lebt heute in Siedlungen mit den Annehmlichkeiten unserer Zeit: Strom, Heizung und fließendem Wasser. Es gibt Geschäfte und Schulen. Allerdings finden nur wenige Inuit in den Siedlungen einen Arbeitsplatz. Viele sind deshalb auf die Unterstützung durch den Staat angewiesen. Jüngere Inuit wandern häufig in die Städte ab, die außerhalb der Polargebiete liegen.

Antarktis – Bedeutung und Gefährdung

Der Kontinent Antarktis hat rund 14 Mio. km^2 Fläche und liegt im Südpolargebiet, ebenfalls Antarktis genannt. Er ist mit einem mächtigen Eispanzer bedeckt. Die Antarktis ist reich an Bodenschätzen, an denen viele Staaten interessiert sind. Um den Naturraum mit seinen einzigartigen Pflanzen und Tieren zu schützen schlossen zwölf Staaten 1961 den Antarktisvertrag. Er wurde 1991 erneuert. Inzwischen sind ihm zahlreiche weitere Staaten beigetreten.

Fische, Flechten und Moose, Robben, Wale und Pinguine sollen in einem möglichen „Weltpark Antarktis" erhalten bleiben.

Die Erforschung der Pole

Der wagemutige amerikanische Polarforscher Robert E. Peary brach im Jahr 1908 zum Nordpol auf. Peary und seine Mannschaft erreichten am 6. April 1909 den nördlichsten Punkt der Erde. Ob sie die ersten Menschen waren, die am Nordpol standen, ist nicht sicher. Inuit berichteten, dass der Amerikaner Frederick A. Cook bereits ein Jahr vor Peary am Nordpol gewesen sein soll.

Um die Jahreswende 1911/12 brachen der Norweger Amundsen und der Brite Scott mit ihren Mannschaften zum Südpol auf. Jede der Mannschaften wollte als erste am Südpol sein. Amundsen gewann den Wettlauf in der Antarktis. Er erreichte am 14. Dezember 1911 den Südpol, 34 Tage vor Scott. Auf dem Rückweg vom Pol starben Scott und seine Begleiter vor Entkräftung.

Grundbegriffe

Arktis
Polarnacht
Polartag
Inuit
Selbstversorger
Antarktis
Krill
Nahrungskette

Minilexikon

Abendland (Seite 82)
Eine im Mittelalter (um 1200) entstandene Bezeichnung für den Kontinent Europa, der von den Ländern Vorderasiens aus betrachtet dort lag, wo die Sonne am Abend stand.

Antarktis (Seite 133)
Von Inlandeis bedeckter Kontinent am Südpol einschließlich der angrenzenden Meeresgebiete.

Arktis (Seite 128)
Die zwischen nördlichem Polarkreis und Nordpol liegenden Land- und Meeresgebiete.

Aufsitzerpflanze (Seite 94)
Auf anderen Gewächsen, vor allem auf Bäumen, wachsende Pflanze im → tropischen Regenwald. Sie ist auf das Sonnenlicht angewiesen.

Außenkippe (Seite 51)
Bevor → Braunkohle abgebaut werden kann, wird die Deckschicht (Boden und Gestein) über der Kohle abgetragen. Zuerst bringt man dieses Material an den Rand des → Tagebaus, auf die Außenkippe. Später lagert man es auch auf der → Innenkippe im ausgekohlten Tagebau ab.

Bergwerk (Seite 54)
Durch Anlage eines Bergwerkes gelangt man an unter der Erde liegende → Bodenschätze um sie abzubauen.

Bewässerungsfeldbau (Seite 34)
Form des landwirtschaftlichen Anbaus in niederschlagsarmen Gebieten, bei der Wasser auf die Felder geleitet wird und die Pflanzen bewässert werden.

Bodenerosion (Seiten 40, 99)
Prozess der Abtragung des Bodens, besonders durch Wasser und Wind; führt meist zur Verminderung der Bodenfruchtbarkeit und manchmal sogar zur Zerstörung der Bodendecke.

Bodenversalzung (Seiten 34, 121)
Anreicherung von Salzen im Boden. Bei der Bewässerung werden Salze im Boden gelöst und beim Verdunsten des Wassers in den oberen Bodenschichten abgelagert. Zur Bodenversalzung kommt es daher vor allem in Gebieten mit hoher Verdunstung.

Brandrodung (Seite 98)
Sie dient dazu, Felder im → tropischen Regenwald anzulegen. Bei der Brandrodung werden die Bäume gefällt und anschließend mit den anderen Pflanzen abgebrannt.

Braunkohle (Seite 48)
Der Name dieser Kohle stammt von ihrer Farbe. Braunkohle entstand in Millionen von Jahren aus abgestorbenen Pflanzen. Die Braunkohle liegt nicht sehr tief unter der Erdoberfläche. Daher kann sie im → Tagebau abgebaut werden. Sie wird in erster Linie zur Erzeugung von elektrischem Strom genutzt.

Brettwurzel (Seite 94)
Bis zu 10 m hohe, sternförmig angeordnete Wurzel. Brettwurzeln verleihen den Bäumen im → tropischen Regenwald besondere Standfestigkeit.

Dattelpalme (Seite 112)
Wichtigste Nutzpflanze der → Oase. Sie wird wegen ihrer vielseitigen Verwendbarkeit geschätzt.

Dauerfeldbau (Seite 99)
Feldbau, der auf einen Flächenwechsel verzichtet; Gegensatz: → Wanderfeldbau.

Dauerkultur (Seite 15)
→ Kulturpflanzen, die man mehrjährig nutzt, heißen Dauerkultur. Man spricht von Dauerkulturen hauptsächlich bei Bäumen und Sträuchern, wie zum Beispiel dem Olivenbaum.

Delta (Seite 12)
Eine Flussmündung mit zahlreichen Seitenarmen. Ein Delta bildet sich dadurch, dass ein Fluss viele Stoffe (z.B. Schlamm) mitführt und im Mündungsgebiet ablagert.

Eiszeit (Seite 38)
Abschnitt der Erdgeschichte, in dem es durch weltweiten Rückgang der Temperatur zum Vorrücken von Gletschern kam. Die letzte Eiszeit endete in Norddeutschland um 10 000 v. Chr. Die Zeiträume zwischen den Eiszeiten nennt man Warmzeiten.

Energiequelle (Seite 60)
Alles, aus dem man Energie gewinnen kann, nennt man Energiequellen. Hauptenergiequellen sind die Rohstoffe Erdöl, Erdgas und Kohle. Deren Vorräte erneuern sich nicht. Sie werden immer geringer. Daher gewinnen die erneuerbaren Energiequellen zunehmend an Bedeutung. Dazu zählen Wasserkraft, Erdwärme, Windkraft und die Sonnenstrahlen.

Energierohstoff (Seite 46)
Rohstoff, der Energie in sich speichert, wie z.B. Kohle, Erdöl oder Erdgas.

Erschließung (Seite 96)
Maßnahmen, durch die z.B. der → tropische Regenwald zugänglich gemacht wird. Zur Erschließung gehören der Bau von Straßen und Siedlungen, aber auch das Roden des Waldes um Anbauflächen zu schaffen.

Europäische Union (EU) (Seite 87)
Zusammenschluss von europäischen Staaten mit dem Ziel der wirtschaftlichen und politischen Vereinigung.

Fangfabrikschiff (Seite 30)
Ein Fangfabrikschiff ist ein Schiff, das speziell für den Fischfang auf den Weltmeeren gebaut wurde. Auf einem solchen Schiff wird der Fang bereits während der Fahrt verarbeitet und tiefgefroren an Land gebracht.

Felswüste (Seite 111)
In der Felswüste (→ Wüste) ist die Landschaft von kantigen Steinen übersät, aus denen einzelne Berge herausragen. Durch die Temperaturgegensätze zwischen Tag und Nacht zerbrechen selbst riesige Felsbrocken.

Finnische Seenplatte (Seite 19)
Die Finnische Seenplatte liegt im Süden Finnlands. Sie ist ein flachhügeliges Gebiet mit tausenden von größeren und kleineren Seen, die durch die Arbeit der Gletscher entstanden sind.

Fischgründe (Seite 28)
Gebiete, die einen großen Fischreichtum aufweisen. Meist liegen sie in Meeresteilen, in denen kalte Meeresströmungen auf warme treffen. Fischgründe sind bevorzugte Fischereigewässer.

Fjell (Seite 18)
Fjell nennt man die Gebirgshochfläche in Nordeuropa, die von Gletschern überformt wurde. Kennzeichnend ist eine waldlose, wellige bis hügelige Landschaft mit spärlichem Pflanzenwuchs.

Flöz (Seite 48)
So bezeichnet man eine Kohlenschicht. Sie lagert zwischen anderen Gesteinsschichten.

Flussoase (Seite 118)
Typ einer → Oase, die Wasser durch einen Fluss erhält, der die → Wüste durchfließt.

Fremdlingsfluss (Seite 118)
Dieser Fluss entspringt in einem niederschlagsreichen Gebiet und fließt anschließend durch einen Trockenraum (Wüste). Sein Wasser erhält er also aus einem „fremden Gebiet". Fremdlingsflüsse sind z.B. Nil und Indus.

Genossenschaft (Seite 32)
Ein Zusammenschluss, der die wirtschaftlichen Interessen seiner Mitglieder verfolgt und bestimmte Arbeiten übernimmt. Eine Winzergenossenschaft kann z.B. die Verarbeitung der Trauben, die Gewinnung und Lagerung der Weine und den Verkauf des in Flaschen abgefüllten Weines übernehmen.

Grundwasseroase (Seite 113)
Typ einer → Oase in der Wüste. Hier kann vorhandenes Grundwasser angezapft werden und zur → Bewässerung der Felder genutzt werden.

Hartlaubgewächs (Seite 14)
Typische Vegetation (Pflanzenart) im Mittelmeerraum. Die harten Blätter bieten eine gute Anpassung an die hohen Sommertemperaturen.

Hochofen (Seite 47)
Im Hochofen wird mithilfe von Kohle Eisenerz so weit erhitzt (über 1000 °C), bis es flüssig wird. Das flüssige, vom Gestein getrennte Roheisen fängt man in Spezialbehältern auf und verarbeitet es weiter zu Stahl.

Hotelstadt (Seite 8)
Begriff für einen Ort oder Ortsteil, der fast ausschließlich aus Hotels, Pensionen und Einrichtungen für den Tourismus besteht.

Huerta (Seite 34)
Eine bewässerte „Gartenlandschaft" in den östlichen Küstengebieten Spaniens. Hier wird auf guten Böden vor allem Obst- und Gemüseanbau betrieben.

Industrialisierung (Seite 70)
Aufkommen und Ausbreitung der Industrie, besonders durch technische Neuerungen und Erfindungen.

Innenkippe (Seite 51)
Bevor → Braunkohle abgebaut werden kann, wird die Deckschicht über der Kohle abgetragen. Zuerst kippt man dieses Material auf die → Außenkippe. Ist die Braunkohle in einem Teil des → Tagebaus völlig abgebaut, so füllt man das Loch ebenfalls mit diesem Material. Das nennt man Innenkippe.

Inuit (Seite 130)
Die Inuit (früher Eskimos genannt) sind die Ureinwohner der arktischen Küstengebiete Grönlands und Nordamerikas. Sie lebten ursprünglich von der Jagd und vom Fischfang. Heute führen sie ein modernes Leben.

Kernkraftwerk (Seite 60)
Kraftwerk, in dem mithilfe von Uran zunächst Wärme erzeugt wird. Die Wärme wird genutzt um Wasser zu erhitzen. Dabei entsteht Dampf, der Turbinen antreibt. An die Turbinen ist ein Generator angeschlossen, der Strom erzeugt.

Kieswüste (Seite 111)
In der Kieswüste (→ Wüste) ist die Landschaft mit kleinen Steinen (Kies) übersät.

Kläranlage (Seite 10)
Anlage zur Reinigung von Abwasser, damit es wieder als Trink- und Brauchwasser genutzt werden kann.

Krill (Seite 135)
Ein kleiner Krebs, der in den Meeren um die → Antarktis herum lebt. Er ist die Haupnahrung der Wale des südlichen Polargebiets.

Kulturpflanze (Seite 14)
Bezeichnung für eine Pflanze, die vom Menschen „unter Kultur genommen" wird, also planmäßig angebaut wird und die oft auch durch Züchtung verändert ist. Sie stammt von einer Wildpflanze ab.

Massengut (Seite 68)
Güter, die ohne besondere Verpackung befördert werden (Erz, Kohle, Getreide, Öl usw.), nennt man Massengüter.

Massentourismus (Seite 8)
Wenn in Fremdenverkehrsgebieten (z.B. am Mittelmeer) „Massen" von Touristen auftreten, spricht man von Massentourismus. Neben dem finanziellen Gewinn für die Menschen, die in den Touristengebieten leben, bedeutet der Massentourismus oft eine Gefahr für Natur und Landschaft.

Meerwasserentsalzungsanlage (Seite 10)
Teure Anlage, in der in einem technischen Verfahren aus Salzwasser Süßwasser gewonnen wird. Sie wird in Trockengebieten gebraucht.

Mitteleuropa (Seite 83)
Dieser Teil Europas umfasst die Staaten Deutschland, Polen, Tschechische Republik, Slowakei, Ungarn, Österreich und die Schweiz.

Monokultur (Seite 100)
Langjährig einseitige Nutzung einer bestimmten Fläche durch eine Kulturpflanze (z.B. Kakao, Bananen). Monokulturen bestimmen den Anbau auf → Plantagen.

Nährstoffkreislauf (Seite 99)
Der schnelle Nährstoffkreislauf ist ein Kennzeichen des → tropischen Regenwaldes. Herabfallendes Laub und Äste zersetzen sich am Boden sofort zu Humus. Die Nährstoffe werden dann wieder an die Bäume und Sträucher abgegeben.

Nahrungskette (Seite 135)
Eine Reihe von Lebewesen, bei der jeweils eine Art die hauptsächliche Nahrungsgrundlage der nächsten Art ist, z.B. Alge – Krebs – kleiner Fisch – Raubfisch. Letztes Glied der Nahrungskette ist oft der Mensch.

Naturvolk (Seite 96)
Menschengruppe, die in abgelegenen und schwer zugänglichen Gebieten lebt. Diese Menschen betreiben eine stark naturverbundene Wirtschaft, insbesondere als Jäger, Sammler, Fischer und Hackbauern.

Nomade (Seite 114)
Angehöriger eines Volkes oder Stammes, der mit seinen Viehherden von Weideplatz zu Weideplatz zieht. Die Nomaden nehmen all ihren Besitz (Zelte, Kochgeräte, persönliche Dinge usw.) auf ihrer Wanderschaft mit.

Minilexikon

Nordeuropa (Seiten 16, 83)
Dieser Teil Europas umfasst die Staaten Dänemark, Schweden, Norwegen, Finnland, Island, Lettland, Estland und Litauen.

Oase (Seite 112)
Eine vom Menschen genutzte „Insel" in der → Wüste. Durch vorhandenes Grund- oder Flusswasser ist der Anbau von Nutzpflanzen (z.B. Obst, Gemüse, Getreide) möglich.

Osteuropa (Seite 83)
Dieser Teil Europas umfasst die Staaten Weißrussland, Russland, die Ukraine und Moldawien.

Pflanzung (Seite 97)
Hier: Landwirtschaftlicher Betrieb im → tropischen Regenwald, der in der Regel vom Besitzer und seiner Familie selbst bewirtschaftet wird. Neben Pflanzen für den Eigenbedarf werden auch Produkte angebaut, die auf dem Markt verkauft werden.

Pipeline (Seite 58)
Rohrleitung, die dem Transport von Erdöl oder Erdgas dient. Pipelines werden entweder im Boden, auf dem Boden oder auf dem Meeresgrund verlegt und transportieren Flüssigkeiten oder Gas über große Entfernungen.

Plantage (Seite 100)
Landwirtschaftlicher Großbetrieb mit Einrichtungen zur Verarbeitung, der besonders im → tropischen Regenwald vorkommt. Der Anbau von Nutzpflanzen (→ Monokulturen) wie z.B. Kaffee, Kautschuk, Bananen, Tee, Zuckerrohr erfolgt überwiegend für den Weltmarkt.

Polarnacht (Seite 128)
Die Zeit, in der die Sonne jenseits des Polarkreises Tag und Nacht unter dem Horizont bleibt.

Polartag (Seite 128)
Naturerscheinung zwischen Pol und Polarkreis. Polartag ist die Zeit des Jahres, in der die Sonne Tag und Nacht scheint. An den Polen dauert der Polartag etwa ein halbes Jahr, an den Polarkreisen einen Tag.

Raubbau (Seite 102)
Wirtschaftsweise, bei der ohne Rücksicht auf mögliche negative Folgen für die Zukunft Rohstoffe (z.B. Holz) ausgebeutet werden.

Rekultivierung (Seite 52)
Rekultivierung nennt man die Wiederherstellung von Landschaften, die durch → Tagebaue (Braunkohle, Kies) zerstört wurden. Die riesigen Löcher werden so weit wie möglich wieder aufgefüllt. In Restlöchern entstehen Seen. Bäume werden gepflanzt, frühere Ackerböden werden wieder aufgebracht und Grünflächen angelegt. Eine rekultivierte Landschaft dient oft der Erholung oder wird landwirtschaftlich genutzt.

Sandwüste (Seite 111)
Bei der Sandwüste (→ Wüste) ist die Landschaft mit Sand bedeckt, der zum Teil zu hohen Dünen aufgetürmt ist.

Schott (Seite 111)
Flache Mulde mit salzhaltigem Wasser in der → Wüste. Nach Regenfällen kann das Wasser nicht abfließen. Es verdunstet. Dabei bildet sich Salz.

Schwarzerdeboden (Seite 40)
Humusreicher und deshalb dunkelfarbiger, sehr fruchtbarer Boden.

Schwerindustrie (Seite 70)
Zusammenfassende Bezeichnung für Betriebe des Bergbaus, der Eisen- und Stahlindustrie.

Selbstversorger (Seite 130)
Menschen, die alles, was sie zum Leben benötigen, selbst erzeugen.

Solarzelle (Seite 61)
Eine Solarzelle ist ein kleines Bauteil. Es nutzt die Sonne als → Energiequelle. Über einen chemischen Vorgang werden die Sonnenstrahlen in Strom umgewandelt.

Steinkohle (Seite 48)
Sie entstand aus abgestorbenen Pflanzen unter Luftabschluss, ist aber in Deutschland etwa zehnmal so alt wie die → Braunkohle. Steinkohle brennt wesentlich besser, weil sie weniger Wasser enthält. Sie liegt hier aber so tief unter der Erde, dass man sie nur im teuren → Bergwerk abbauen kann.

Stockwerkbau (Seite 94)
Im → tropischen Regenwald wachsen die Pflanzen sehr üppig und bilden je nach Höhe verschiedene Schichten aus, den so genannten Stockwerkbau: Über der Krautschicht befindet sich die Strauchschicht, darüber die Baumschicht und darüber hinaus ragen nur noch die Wipfel der Urwaldriesen.

Strukturwandel (Seite 73)
Ein Ort oder eine Region macht einen Strukturwandel durch, wenn sich die Wirtschaft ändert. Betriebe einer bestimmten Branche, die bisher wichtig waren, verlieren an Bedeutung und dafür gewinnen Betriebe aus anderen Branchen an Bedeutung.

Stückgut (Seite 68)
Güter, die vor dem Transport in Fässer, Ballen, Container, Säcke oder Kisten verpackt werden, bezeichnet man als Stückgüter.

Südeuropa (Seite 83)
Dieser Teil Europas umfasst die Staaten Portugal, Spanien, Italien und Griechenland.

Südosteuropa (Seite 83)
Dieser Teil Europas umfasst die Staaten Slowenien, Jugoslawien, Kroatien, Bosnien und Herzegowina, Makedonien, Rumänien, Bulgarien sowie den europäischen Teil der Türkei.

Tagebau (Seite 50)
Bodenschätze, die nicht sehr tief unter der Erde liegen und daher direkt von der Erdoberfläche aus abgebaut werden, gewinnt man im Tagebau (→ Braunkohle).

Terrassenbau (Seite 9)
Stufenförmige Anlage der Felder an steilen Hängen.

tropischer Regenwald (Seite 94)
Immergrüner Wald in der Umgebung des Äquators, der durch einen → Stockwerkbau gekennzeichnet ist.

Überfischung (Seite 31)
In einem Gebiet sind so viele Fische gefangen worden, dass nicht mehr genügend junge Tiere nachwachsen können. Der Fischfang kommt zum Erliegen.

Wadi (Seite 111)
Ausgetrocknetes Flusstal in der → Wüste. Bei den seltenen, aber heftigen Regenfällen füllt es sich mit Wasser und wird zu einem reißenden Strom.

Wanderfeldbau (Seite 99)
Ursprüngliche Anbauform im → tropischen Regenwald, wobei nach einigen

Jahren des Anbaus die Felder verlegt werden, da die Nährstoffe im Boden aufgebraucht sind.

Wasserkraftwerk (Seite 61)
Kraftwerk, in dem mithilfe fließenden Wassers Strom erzeugt wird. Das Wasser wird dabei auf Turbinen geleitet, die Generatoren antreiben.

Weltstadt (Seite 20)
Eine Weltstadt ist in der ganzen Welt bekannt wegen ihrer Bedeutung in den Bereichen Wirtschaft, Politik, Kultur und Kunst. In ihr leben Menschen aus vielen verschiedenen Ländern. Als Weltstädte der heutigen Zeit gelten z.B. New York, London, Paris und Berlin.

Westeuropa (Seite 83)
Dieser Teil Europas umfasst die Staaten Großbritannien, Irland, Frankreich, Niederlande, Belgien und Luxemburg.

Windkraftanlage (Seite 61)
Anlage, mit der Strom erzeugt wird, indem man die Windenergie nutzt. Das Windrad treibt einen Generator an.

Wüste (Seite 110)
Gebiet, in dem wegen Wassermangels keine oder nur wenige Pflanzen wachsen. Es fallen nur selten geringe Niederschläge. Es gibt → Sandwüsten, → Kieswüsten und → Felswüsten.

Zenit (Seite 94)
Der senkrecht über einem Punkt auf der Erde gelegene höchste Punkt des Himmelsgewölbes.

Zulieferbetrieb (Seite 76)
Spezialisierter Betrieb, der bestimmte Einzelteile und Zubehör (z.B. für Autos) herstellt und an das Werk liefert, welches das fertige Endprodukt (also Auto) herstellt.

Längenmaße

$1\,m$ (Meter) $= \quad 10\,dm$ (Dezimeter)
$ = \quad 100\,cm$ (Zentimeter)
$ = 1000\,mm$ (Millimeter)
$1\,km$ (Kilometer) $= 1000\,m$
1 Meile (amerik./brit.) $= 1609\,m$
$1\,sm$ (Seemeile) $= 1852\,m$

Flächenmaße

$1\,m^2$ (Quadratmeter) $= 1\,m \cdot 1\,m$
$1\,a$ (Ar) $= 10\,m \cdot 10\,m \quad = 100\,m^2$
1 Morgen $\approx 2500\,m^2$
$1\,ha$ (Hektar) $= 100\,m \cdot 100\,m = 10\,000\,m^2$
$1\,km^2$ (Quadratkilometer) $= 1\,km \cdot 1\,km = 100\,ha$

Raummaße/Hohlmaße

$1\,l$ (Liter) $= 1\,dm^3$ (Kubikdezimeter)
$ = 1\,dm \cdot 1\,dm \cdot 1\,dm$
$1\,hl$ (Hektoliter) $= 100\,l$
$1\,m^3$ (Kubikmeter) $= 1\,m \cdot 1\,m \cdot 1\,m$

Gewichte

$1\,kg$ (Kilogramm) $= 1000\,g$ (Gramm)
$1\,dt$ (Dezitonne) $= 1\,dz$ (Doppelzentner)
$ = 100\,kg$
$1\,t$ (Tonne) $= 1000\,kg$
$1\,kt$ (Kilotonne) $= 1000\,t$

Vergleichswerte

1 Fußballplatz: etwa $100\,m \cdot 60\,m = 6000\,m^2$
Ladung eines Lkws (ohne Anhänger): 8 t
Ladung eines Güterwagens: 20 t
Rauminhalt für Schiffscontainer (Länge, Breite, Höhe): $6\,m \cdot 2,4\,m \cdot 2,5\,m = 36\,m^3$

Bildquellen

Aerocamera, NL-Rotterdam: 68.3; Anzenberger, A-Wien: 74.2 (Polleross); BASF, Ludwigshafen: Titel Weizen; Bavaria, München: 19.3 (Schmied), 21.3 (TCL), 92/93; Bildagentur Huber, Garmisch-Partenkirchen: 6.1; Bilderberg, Hamburg: 60.3 (Grames), 98.1 (Burkard), 118.2 (WPS); Brants, E., Paderborn: 39.5; Deutsches Museum, München: 70.1; dpa, Frankfurt/Main: 71.3 (Scholz), 116.3 (Sofam); Eck, T., Berlin: 14.2; Fischer, E., Bad Bramstedt: 28.2; Floto, G., Hamburg: 15.3; FOCUS, Hamburg: 114.2 (Manaud), 114.3 (Manaud), 129.4 (Klingholz), 131.5 (Klingholz); Gartung, W., Freiburg: 108/109, 115.4, 115.5; Geiger, F., Merzhausen: 35.3; George, U., Hamburg: 122.1; Gerlach, K., Langen: 28.3; Gesamtverband des deutschen Steinkohlenbergbaus, Essen: 46.1, 49.2, 54.2, 54.3; Greiner & Meyer, Braunschweig: 97.3 (Schmidt), 102.1 (Graebner); Grenzebach, K., Alten-Buseck: 101 Ölpalme; Griese, D., Hannover: 15.6, 113.4; Haitzinger, H., München: 105.3; Harrer, H., FL-Vaduz: Titel Mitte; HB Verlag, Ostfildern: 4/5; Helga Lade Fotoagentur, Frankfurt/Main: 36.3, 59.3; Hell, K., Essen: 29.6; Hofemeister, U., Diepholz: 64.1, 64.2; Hoffmann-Burchardi, H., Düsseldorf: 111.4 rechts; IFA-Bilderteam, Ottobrunn: 26 (Hutterer), 27 (Spence), 85.2 (Möller), 85.2 (Welsh), 85.2 (Welsh), 102.2 (Diaf), 130.1 (P.A.N.); IPS/COCOA-Research-Institute, Ghana: 100.2; Janisch, V., Berlin: 10.unten links; Jürgens, Berlin: 38.2, 61.5; Key Porter Books Ltd., CND-Toronto: 132.1; Kirch, P., Koblenz: 83.2, 84.1, 87.3, 87.4; Kreuzberger, N., Lohmar: 49.3; Krügeler, F., Hamburg: 31.3; Lichtbildarchiv Dr. Keil, Neckargemünd: 49.1, 113.5; Mauritius, Mittenwald: 7.2 (Raga), 8.3 (Vidler), 96.2 (De Foy), 101 Kautschuk (Camara Tres), 101 Kaffee (Hambach), 111.4 links (Thonig), 111.4 Mitte (Thonig); Müller, R., DK-Ølstykke: Titel rechts, 126/127; Nebel, J., Freiburg: 117.5, 123.2; NRSC Ltd., GB-Franborough: 80/81; OKAPIA, Frankfurt/Main: 36.2 (Reinhard); Premium Stock, Düsseldorf: 101 Ahahas; Picture Press, Hamburg: 120.2 (Ihrt); Popper, P., GB-London: 137.3; Reed Consumer Books Ltd., GB-London: 33.3; Rheinbraun, Köln: 50.2, 52.1, 52.2, 53.4, 44/45; Roberts, G.R., NZ-Nelson: 71.2; Scholz + Partner, Wolfsburg: 18.2, 30.1, Schönauer-Kornek, S., Wolfenbüttel: 16 oben links, 17, 42.1, 96.1, 80/81; Schulthess, E., CH-Forch/Zürich: 128.3; Silvestris, Kastl: 7.3 (Rauch), 76.2 (Stadler); Solvis Energiesysteme, Braunschweig: 60.2; Statoil, N-Stavanger: 59.4; Tony Stone, München: 69.4 (Pease); Touristik Marketing GmbH, Hannover: 13 beide Fotos; Transglobe Agency, Hamburg: 76.3 (Halaska), 115.6 (Wiese); vividia, Puchheim: 9.4 (Krautwurst); Waltraud Klammet Europa-Farbbildarchiv, Ohlstadt: 28.4, 66/67; Warner Bros. Movie World, Bottrop: 56 Randspalte; Weis, S., L-Rolleng/Mersch: 55.4

as Buch enthält Beiträge von:
ar Brants, Peter Gaffga, Gerd Geis, Uwe Hofemeister, Thomas Michael, Notburga Protze,
emarie Schwarz, Dieter Strohbach, Ralf Tieke